Carsten Krupp

LIBOR-Manipulation

Analyse möglicher Auswirkungen
und Empfehlungen für den
sich daraus ergebenden Handlungsbedarf

Krupp, Carsten: LIBOR-Manipulation: Analyse möglicher Auswirkungen und Empfehlungen für den sich daraus ergebenden Handlungsbedarf, Hamburg, Igel Verlag RWS 2014

Buch-ISBN: 978-3-95485-185-0
PDF-eBook-ISBN: 978-3-95485-685-5
Druck/Herstellung: Igel Verlag RWS, Hamburg, 2014

Bibliografische Information der Deutschen Nationalbibliothek:
Die Deutsche Nationalbibliothek verzeichnet diese Publikation in der Deutschen Nationalbibliografie; detaillierte bibliografische Daten sind im Internet über http://dnb.d-nb.de abrufbar.

© Igel Verlag RWS, Imprint der Diplomica Verlag GmbH
Hermannstal 119k, 22119 Hamburg
http://www.diplomica.de, Hamburg 2014
Printed in Germany

I.   Inhaltsverzeichnis

II. Verzeichnis der Abbildungen

III. Verzeichnis der Tabellen

IV. Verzeichnis der Anlagen

V. Verzeichnis der Abkürzungen und Symbole

LIBOR	London Interbank Offered Rate
EURIBOR	Euro Interbank Offered Rate
BBA	British Bankers' Association
EONIA	Euro Overnight Index Average
EFTA	European Free Trade Association
ESMA	European Securities and Markets Authority
EBA	European Banking Authority
ISDA	International Swaps and Derivatives Association
HGB	Handelsgesetzbuch
IFRS	International Financial Reporting Standards
LPBAUG	LIBOR Panel Banks and Users Group
WKN	Wertpapierkennnummer
PLC	Public Limited Company
EZB	Europäische Zentralbank
FSA	Financial Services Authority
OTC	Over-the-counter
OIS	Overnight index swaps
US GAAP	United States Generally Accepted Accounting Principles
OIS	Overnight Index Swap
OIR	Overnight Index Rate
ABS	Asset Backed Security
CDO	Collateralized Debt Obligation
BGB	Bürgerliche Gesetzbuch
StGB	Strafgesetzbuch

1. Grundlagen

1.1. Hintergrund der Untersuchung

Die Anfang 2014 veröffentlichten Meldungen über extrem hohe Strafen[1] für Banken im Zusammenhang mit der Manipulation von Referenzzinssätzen werfen erneute Fragen über die Verlässlichkeit und die Integrität der internationalen Finanzmärkte auf. Die „London Interbank Offered Rate", kurz LIBOR, ist ein auf täglicher Basis ermittelter Referenzzinssatz, der angibt, zu welchen Konditionen Banken bereit sind, sich untereinander Geld zu leihen. Dieser bildet die Grundlage für eine Vielzahl von Finanzprodukten. Die Höhe des LIBOR - gemäß dem Urteil verschiedener Gerichte - wurde offenbar über mehrere Jahre hinweg manipuliert. Die Summe des von diesem Referenzzinssatz abhängigen Finanzvolumens ist nicht genau bestimmbar. Je nach Quelle variiert der Betrag von 300[2] bis 600[3] Billionen Dollar. Ebenso ist nicht exakt abschätzbar über welchen Zeitraum Banken falsche Meldungen bei der Ermittlung des LIBOR bzw. EURIBOR gemacht haben. Die meisten Quellen beziehen sich auf den Zeitabschnitt von 2005 bis 2009.[4] Gestützt wird diese Angabe durch die von der FSA am 27 Juni 2012 erhobene Strafe über 59,5 Millionen Pfund[5,6] gegen Barclays PLC. Grundlage dieser Strafzahlung war die Manipulation des LIBOR und EURIBOR durch einzelne Derivatehändler in der Zeit zwischen Januar 2005 und Juli 2008.[7] Für einen weit größeren Manipulationszeitraum sprechen die Erfahrungen eines Wertpapierhändlers bei Morgan Stanley. Bereits in seinen ersten Tagen bei der Investment Bank im Jahr 1991 wurde er, laut einem Artikel der Financial Times vom 26 Juli 2012, mit der Manipulation des LIBOR konfrontiert.[8]

---

[1] Vgl. Dowideit (2013)

[2] Vgl. Meyer et. al. (2012)

[3] Vgl. Bächstädt / Pietrzak (2012), S. 19

[4] Vgl. o.V. (2012c)

[5] Insgesamt wurden von den amerikanischen und britischen Regulierungsbehörden Geldstrafen i.H.v. 270 Millionen Pfund gegen Barclays erhoben Vgl. Gallu (2012); aufgrund der besseren Veranschaulichung wurde der Betrag von US Dollar in Pfund umgerechnet

[6] Vgl. FSA (2012), S. 4

[7] Vgl. FSA (2012), S. 1–2

[8] Vgl. Keenan (2012)

Es ist bis heute nicht abschließend geklärt, welche Institutionen und Einzelpersonen in die Manipulation verwickelt waren. Auch in diesem Punkt gibt es divergierende Angaben. Jedoch ist mittlerweile erwiesen, dass Großbanken wie die UBS, HSBC Royal Bank of Scotland, Deutsche Bank sowie mindestens 13 weitere Finanzinstitutionen eine tragende Rolle gespielt haben. Die Vielzahl veröffentlichter E-Mails von beteiligten Personen zeigt, wie einfach die Absprache bei der Beeinflussung des LIBOR war.[9] Im Februar 2014 erschien im Wall Street Journal der Artikel: „Libor: Spider Network".[10] In diesem stellen die Autoren die Verbindungen zwischen den Finanzinstitutionen und einzelnen Individuen visuell dar. Durch das daraus entstehende „Spinnennetz" wird die hohe Komplexität des Systems zur Manipulation von LIBOR-Daten greifbar. Wie auch zahlreiche andere Quellen gehen die Verfasser auf die Summe der bisher erhobenen Strafen in Höhe von schätzungsweise 5 Milliarden Dollar ein. Diese enorme Summe veranschaulicht das Ausmaß der Manipulation. (Vgl. Abbildung 1)

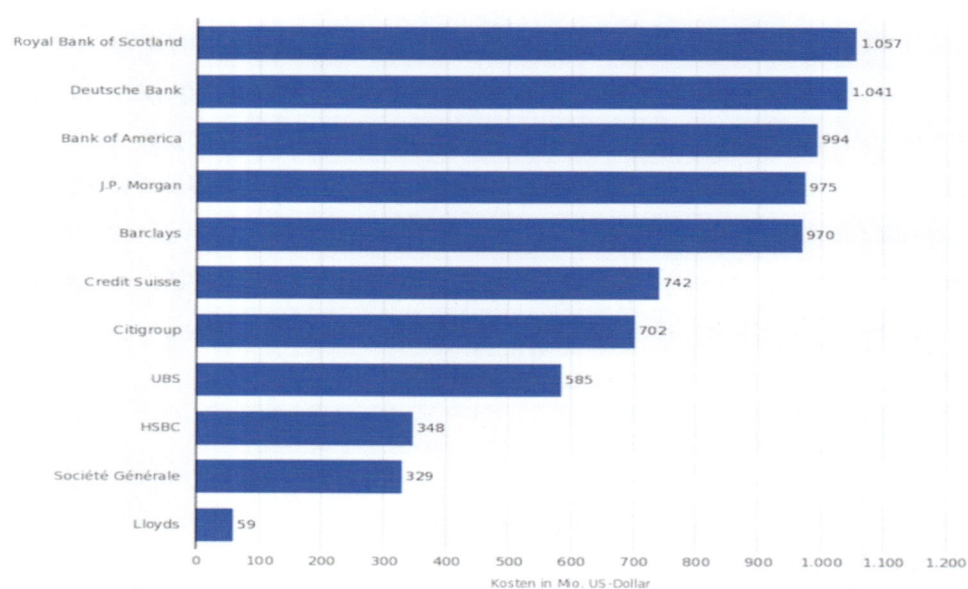

Abbildung 1 Geschätzte Kosten für ausgewählte Banken durch Zivilklagen infolge des Libor-Skandals im Jahr 2012

Quelle: Statista[11]

---

[9] Vgl. o.V. (2012b)

[10] Vgl. Juan / Enrich (2014)

[11] o.V. (2014k)

2

Durch die Höhe der Geldstrafen wird einerseits die Größenordnung des Schadens angedeutet, die Marktteilnehmern entstanden sein dürfte, andererseits wird die Bedeutung von zuverlässigen Referenzzinssätzen für das internationale Finanzsystem signalisiert.

1.2. Forschungsfrage und theoretischer Bezugsrahmen

Die bisherige Berichterstattung in Bezug auf die Manipulation des Referenzzinssatzes LIBOR konzentriert sich Stand April 2014 auf zwei wesentliche Aspekte. Zum einen die Aufdeckung der an der Manipulation beteiligten Finanzinstitute und zum anderen die Darstellung der bereits erhobenen Strafzahlungen. Die Konsequenzen für den Finanzmarkt sowie den einzelnen Marktteilnehmer treten dabei zunächst in den Hintergrund. Daher beschäftigt sich die erste Forschungsfrage der vorliegenden Untersuchung mit der Darstellung der möglichen Auswirkung der Manipulation des Referenzzinssatzes LIBOR auf das Finanzsystem bzw. einzelne Marktteilnehmer.

Aufgrund der hohen Relevanz verlässlicher Referenzzinssätze wird in der Öffentlichkeit eine Vielzahl von Reformierungsvorschlägen diskutiert. Abgeleitet aus den wesentlichen Schwachstellen des LIBOR-Systems beantwortet die zweite Forschungsfrage den sich aus der Manipulation ergebenden Handlungsbedarf.

Neben der Beantwortung der zwei Forschungsfragen wird diese Untersuchung dem Leser die Bedeutung und Konstruktion von Referenzzinssätzen am Beispiel des LIBOR näherbringen.

Aufgrund verschiedener Vertragsbeziehungen im Erstellungsprozess des LIBOR bildet die Prinzipal-Agent-Theorie den theoretischen Bezugsrahmen. Diese soll zum einen das Spannungsverhältnis zwischen Prinzipal und Agent verdeutlichen und zum anderen einen Teil zur Beantwortung der zweiten Forschungsfrage beitragen.

Einige der im Verlauf der Untersuchung aufgeführten Quellen entsprechen nicht einem strengen Anspruch an Wissenschaftlichkeit (Methodik, Beweisführung, empirische Untermauerung). Dieser Mangel ist der Aktualität des Themas und der Tatsache geschuldet, dass die meisten beteiligten Fachexperten aus verständlichen Gründen nicht zu der heiklen Problematik publizieren. Jedoch: auch wenn die eine oder andere Quellen eher explorativ ist, enthalten sie wesentliche Grundaussagen und tragen zur Aufarbeitung des Vorgefallenen und zur Erzeugung von Transparenz bei. Aus diesem Grunde erscheint es vor dem Hintergrund der gesamten Datenlage nicht nur vertretbar, sondern geradezu erforderlich auch die eine oder andere explorative Quelle anzuführen.

1.3. Themenabgrenzung

Die Abgrenzung der vorliegenden Untersuchung erfolgt in drei Dimensionen; sachlich, zeitlich, räumlich.

Neben der Manipulation des LIBOR wurden anscheinend auch andere Referenzzinssätze wie beispielsweise der EURIBOR manipuliert.[12] Die Untersuchung beschränkt sich auf die Geschehnisse im Zusammenhang mit dem LIBOR.

Nach der Veröffentlichung des „The Wheatley Review of LIBOR final report"[13] im September 2012 wurden entscheidende Änderungen an der Kalkulationsmethode[14] des LIBOR vorgenommen.

Um die Schwachstellen des LIBOR sowie die Anreize zur Manipulation korrekt darzustellen bildet die Konstruktion des LIBOR vor diesen Veränderungen die Grundlage der Untersuchung.

Des Weiteren erfolgt eine sachliche Abgrenzung bezüglich der Auslegung der Definition des LIBOR. In der Literatur wird die Aussage des Referenzzinssatzes unterschiedlich interpretiert. Grundlegend sind zwei Sichtweisen zu erkennen. Zum einen wird der LIBOR als Anlagezinssatz und zum anderen als Kreditzinssatz für Finanzmittel im unbesicherten Interbankenmarkt verstanden.

Die British Bankers' Association (BBA), die für die Erstellung des LIBOR verantwortlich ist, äußert sich auf ihrer Homepage in Bezug auf die Interpretation widersprüchlich. *„[...] rate at which a bank could go into the London interbank money market and obtain funding in reasonable market size, for a given maturity and currency."*[15] Aus

---

[12] Vgl. Bächstädt / Pietrzak (2012), S. 21

[13] Analog des Vorgehens in der Literatur wird dieser im Folgenden als Wheatley Report bezeichnet

[14] Zunächst erfolgten die Anpassungen noch unter der Verantwortung der BBA; im weiteren Verlauf wurde die Verantwortung zur Erstellung des LIBOR auf die Intercontinental Exchange Benchmark Administration Ltd. übertragen Vgl. o.V. (2014a)

[15] o.V. (2014i)

diesem Zitat geht der LIBOR eindeutig als Kreditzinssatz hervor. An anderer Stelle beschreibt die BBA den LIBOR jedoch als Einlagenzinssatz. *„It is based on offered interbank deposit rates contributed in accordance with the instructions to bbalibor contributor banks."*[16] Die EZB bezeichnet in ihrem Monatsbericht für Oktober 2013 den LIBOR als Zins für unbesicherte Interbankenkredite.[17] Es existiert eine Vielzahl von Quellen, die sowohl die eine als auch die andere Interpretation bestätigen.

In dieser Untersuchung wird der LIBOR als Zinssatz für Kredite im Interbankenmarkt verstanden. Hierfür spricht, dass ein wesentlicher Anreiz der Manipulation des Referenzzinssatzes, dessen Signalwirkung im Finanzmarkt war. Durch die Veröffent-lichung gemeldeter Zinssätze einzelner Banken konnten Marktteilnehmer auf die Bonität der Finanzinstitute schließen. Dieser Effekt wird Credit-Signaling oder auch Stigma Effekt (Vgl. Punkt 3.3.2.) genannt. Sein Ursprung begründet sich in der Bonitätskomponente des Referenzzinssatzes (Vgl. Punkt 2.1.1.)

Im Gegensatz dazu hätte die Veröffentlichung von Anlagezinssätzen einer Bank keine Signalwirkung gehabt.

Es erfolgt eine zeitliche Abgrenzung auf die Ereignisse ab dem Jahr 2005. Diese bilden nicht nur den Kernpunkt der Berichterstattung in den Medien, sondern auch den Fokus der Untersuchungen einzelner Institutionen.

Da der LIBOR als Referenzzinssatz in seiner Anwendung nicht auf einen speziellen Raum begrenzt ist, repräsentiert der internationale Finanzmarkt die räumliche Abgrenzung.

1.4. Gang der Untersuchung

Im folgenden Gliederungspunkt wird die Vorgehensweise dieser Untersuchung erläutert:

Der erste Abschnitt behandelt das Konstrukt des LIBOR als Referenzzinssatz. Die Kenntnis der LIBOR Definition, sowie dessen Datenerhebung und Auswertung, sind Grundvoraussetzung zum späteren Verständnis der Schwachstellen. Die mittelbaren und unmittelbaren Anwendungsbereiche des LIBOR bilden den Ausgangspunkt für

---

[16] o.V. (2014q)

[17] Vgl. European Central Bank (2013), S. 79–80

den, im dritten Schritt folgenden analytischen Teil. Anschließend wird zum Verständnis der geforderten Reformierung des LIBOR-Konzepts auf die bestehenden Aufsichtsstrukturen eingegangen. Im Hinblick auf die große Bedeutung für das Finanzsystem bilden fehlende Kontrollmechanismen auf der Ebene des LIBOR einen Kernpunkt der angeführten Kritik. Nachfolgend wird die Relevanz verlässlicher Referenzzinssätze für die Geldpolitik am Beispiel der Europäischen Zentralbank skizziert.

Im zweiten Schritt bildet der theoretische Bezugsrahmen den Anknüpfungspunkt zur Darstellung der Anreize einer Manipulation von Referenzzinssätzen. Neben der Darstellung verschiedener Prinzipal-Agent-Beziehungen im Kalkulationsprozess des Referenzzinssatzes erfolgt die Erläuterung der Grundlagen sowie der Erscheinungsformen der Prinzipal-Agent-Theorie.

Aufbauend auf den Grundlagen des LIBOR aus dem ersten Schritt werden im analytischen Teil zunächst die Schwachstellen des Systems aufgezeigt. Des Weiteren soll die exemplarische Analyse einer Anleihe sowie eines Darlehens die Basis zur Beantwortung der ersten Forschungsfrage nach den Auswirkungen der Manipulation geben. Im Anschluss daran erfolgt die Ableitung gesamtwirtschaftlicher Schäden für das Finanzsystem.

Resultierend aus den Schwachstellen des LIBOR werden im fünften Abschnitt der Untersuchung Vorschläge zur Verbesserung seiner Ermittlung angeführt. Somit beantwortet dieser Teil die zweite Forschungsfrage nach dem aus der Manipulation abgeleiteten Handlungsbedarf. Dafür ergeben sich zwei unterschiedliche Ansatzpunkte, einerseits die Reformierung des bestehenden LIBOR-Konzepts und andererseits die Konstruktion und Etablierung alternativer Referenzzinssätze.

Im letzten Teil erfolgt eine zusammenfassende Darstellung der wesentlichen Erkenntnisse aus der vorliegenden Untersuchung.

2. Konstrukt von LIBOR als Beispiel eines Referenzzinssatzes

2.1. Grundlagen des Referenzzinssatzes LIBOR

2.1.1. Definition des Referenzzinssatzes

Da in der folgenden Untersuchung unterschiedliche Segmente des internationalen Finanzmarktes angesprochen werden, erfolgt zunächst ihre Abgrenzung. Innerhalb des Finanzmarktes differenziert man zwischen: Geldmarkt, Kapitalmarkt, Kreditmarkt und Markt für Finanzderivate.[18] Auf dem Geldmarkt werden kurzfristige[19] Finanzmittel unter professionellen Marktteilnehmern gehandelt. In der Eurozone besteht dieser ausschließlich aus Banken. Daher spricht man auch von einem reinen Interbanken-markt.[20] Dieser gliedert sich in einen besicherten und unbesicherten Teil. Die Diffe-renzierung erfolgt hinsichtlich der Frage, ob für die jeweiligen Transaktionen, Sicher-heiten zwischen den Marktteilnehmern ausgetauscht werden. Der Kapitalmarkt bezeichnet den Teil des Finanzsystems, auf dem mittel- bis langfristige Finanzmittel in Form von Wertpapieren gehandelt werden. Der Begriff der Mittelfristigkeit umfasst alle Gelder mit einer Laufzeit größer 12 Monaten. Unter dem Begriff Kreditmarkt versteht man den Handel von Fremdkapital, dass nicht durch Wertpapiere verbrieft ist. Finanzderivate werden auf gleichnamigen Märkten gehandelt. Referenzzinssätze wie der LIBOR konzentrieren sich auf die Abbildung des Geldmarktes.

Die „London Interbank Offered Rate", ist ein Indikator für Finanzierungskosten auf der Grundlage von unbesicherten Interbankenkrediten. Die Verantwortung für die Erstellung sowie die Veröffentlichung liegt bei der British Bankers' Association. Der Referenzzinssatz wird an jedem Handelstag um 11 Uhr Londoner Zeit, durch die Befragung fest definierter Banken, ermittelt. Dabei melden die befragten Finanzinsti-tute Daten auf der Basis folgender Frage:

„At what rate could you borrow funds, were you to do so by asking for and then accepting interbank offers in a reasonable market size just prior 11 am?"[21]

---

[18] Vgl. Zantow / Dinauer (2011), S. 47–48

[19] Bis 12 Monate Laufzeit

[20] Vgl. Fecht (2013), S. 1

[21] o.V. (2014i)

Die Berechnung des LIBOR erfolgt in zehn verschiedenen Währungen mit unterschiedlichen Laufzeiten. Die Fälligkeiten reichen von Übernachtkrediten bis zu Krediten mit zwölf Monaten Laufzeit.

Die Entstehung des LIBOR steht in enger Verbindung mit der Entwicklung des Londoner Marktes für Forward Vereinbarungen und synthetisierter Kredite ab dem Jahr 1980.[22] Diese Finanzinstrumente schufen das Bedürfnis nach einer einheitlichen Finanzierungskosten-Benchmark. Hervorgegangen aus den „BBA Interest Settlement Rates"[23] wurde der LIBOR im Januar 1986 von der BBA zum ersten Mal veröffentlicht. Zunächst erfolgte die Kalkulation lediglich für drei Währungen: US Dollar, Japanischer Yen und Sterling. Im Lauf der Zeit stieg die Anzahl der Währungen und Laufzeiten weiter an.

Die Definition des LIBOR (Stand Januar 2012) besteht seit der Reformierung 1998. Vor diesem Zeitpunkt bildete die Frage: *„At what rate do you think interbank term deposits will be offered by one prime bank to another prime bank for a reasonable market size today at 11 am?"*[24] die Grundlage zur Generierung des LIBOR. Um die Auswirkung der Änderung der Definition des Referenzzinssatzes zu verstehen, werden in diesem Gliederungspunkt zunächst die Bestandteile des LIBOR auf Basis der Definition vor 1998 erklärt.

Resultierend aus dem Zeitwert des Geldes bildet der risikofreie Zinssatz („risk free rate") das Fundament eines Referenzzinssatzes. Hinzu kommt ein Laufzeitaufschlag („term premium") sowie ein Liquiditätsaufschlag („liquidity premium").[25] In einem „normalen" Zinsumfeld wächst das „term premium" mit steigender Laufzeit an. Das „liquidity premium" steht für das Maß der Handelbarkeit eines Anlageinstruments. Je liquider der Handel eines bestimmten Finanzinstruments, desto geringer der Liquiditätsaufschlag.

Die Änderung der Adressierung „prime bank" in „you", innerhalb der Fragestellung der LIBOR Kalkulation, führte zur Implementierung eines Bonitätsrisikos („credit risk

---

[22] Vgl. o.V. (2014b)

[23] Bestandteil der „BBA standard for Interest Swap rates"; Standardisierte Bedingungen fürs Swap Geschäfte

[24] Vgl. o.V. (2014i)

[25] Vgl. Tabb / Grundfest (2013), S. 9; Vgl. Hiroshi (2013), S. 5

premium")[26]. Dieses signalisiert die Ausfallwahrscheinlichkeit eines Kreditnehmers. Nachfolgende Abbildung stellt die Bestandteile des LIBOR grafisch dar.

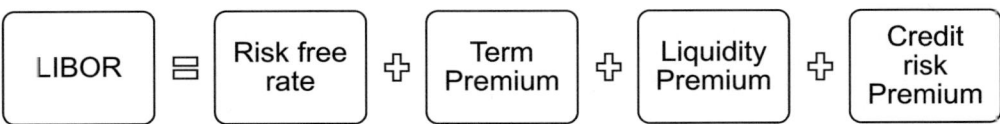

Abbildung 2 Bestandteile des LIBOR-Zinssatzes

Quelle: Eigene Darstellung in Anlehnung an Tabb & Grundfest[27]

Die folgenschweren Auswirkungen dieses Wandels werden im weiteren Verlauf der Untersuchung (3.3.2.) erläutert.

2.1.2. Datenerhebung und Auswertung für den Referenzzinssatz LIBOR

Der LIBOR wird im Auftrag der BBA durch Thomson Reuters erstellt und veröffent-licht. Trotz einiger Veränderungen, seit der Etablierung im Jahr 1986 hat sich an der Art der Datengenerierung nichts geändert. Die Befragung verschiedener Banken nach deren Refinanzierungskosten am unbesicherten Interbankengeldmarkt bildet dabei seit 26 Jahren (Stand 2012) das Fundament der Berechnung. Im Banken-Panel[28] sind je nach Währung zwischen 6 und 18 Finanzinstitute enthalten. Die BBA wählt diese anhand von drei Kriterien aus, nämlich dem Ausmaß der Marktaktivität, der Reputation, sowie der wahrgenommen Expertise der Banken in der jeweiligen Währung.[29] Die übermittelten Daten basieren nicht zwangsläufig auf tatsächlichen Transaktionen unter den einzelnen Finanzinstituten. Sie sind vielmehr ein Schätz-wert, der jeweiligen Banken[30] für Finanzierungsmittel[31], im unbesicherten Londoner Interbankenmarkt. Gemeldet werden Daten ausschließlich von Panel Banken, die in den jeweiligen Währungen und den entsprechenden Laufzeiten aktiv sind.

---

[26] Vgl. Thießen (2013a), S. 92

[27] Vgl. Tabb / Grundfest (2013), S. 30

[28] Bezeichnung für den „Kreis" der befragten Banken

[29] Vgl. o.V. (2014o)

[30] Vgl. European Central Bank (2013), S. 79

[31] In Abhängigkeit der Währung und Laufzeit

Die Datenerstellung bzw. Datenübermittlung erfolgt auf freiwilliger Basis und unterliegt keiner gesetzlichen Regulierung.[32] Von der BBA werden lediglich interne Guidelines zur Datengenerierung bereitgestellt. In den Banken soll beispielsweise die Verantwortlichkeit zur Ermittlung der Zinssätze im Cash Management und nicht im Bereich des Derivatehandels liegen. Während der Datenerhebung kann keine Bank die von einem anderen Finanzinstitut erstellten Zinssätze einsehen.

Im weiteren Verlauf dieses Buches wird zwischen zwei Formen der Datenerhebung unterschieden. Die Berechnung eines Referenzzinssatzes kann auf Basis von Schätzwerten (quote-basiert) oder auf der Grundlage von Transaktionsdaten (transaktionsbasiert) durchgeführt werden. Ein Beispiel für letzteres ist der EONIA, der Referenzzinssatz für Übernachtkredite im unbesicherten Interbankengeldmarkt der Europäischen Union sowie der EFTA Staaten.[33]

Die BBA greift bei der Datenerhebung des LIBOR auf die Quote-Basierung zurück, da Panel Banken nicht an jedem Handelstag Transaktionen in repräsentativem Umfang[34] in den verschiedenen Laufzeiten und Währungen eingehen.[35] Somit kann theoretisch selbst in illiquiden Marktsituationen eine Kalkulation des Referenzzinssatzes erfolgen. Für den Fall, dass die beteiligten Finanzinstitute keine Daten melden, beschreibt die BBA auf ihrer Homepage das Verwenden eines „Ersatzzinssatzes" (substitute rate). Es werden jedoch keine Informationen zur Verfügung gestellt wie dieser ermittelt wird.[36]

Thomson Reuters, in der Rolle des Berechnungsagenten, übernimmt die Kalkulation des LIBOR. Dieser wird durch einen „getrimmten" Mittelwert berechnet. Nach einer Überprüfung, der von den Banken übermittelten Daten auf grobe Fehler (Vgl. 2.1.4.), erfolgt eine Sortierung in absteigender Reihenfolge. Die Datenreihe wird anschließend an beiden Enden um 25 Prozent der Ergebnisse gekürzt. Diese fließen nicht in

---

[32] Vgl. o.V. (2014d)

[33] Vgl. o.V. (2014c)

[34] Der Begriff des repräsentativen Umfangs (reasonable market size) wird von der BBA bewusst nicht näher definiert, da dieser in Abhängigkeit von Laufzeit, Währung und der jeweiligen Bank variieren kann

[35] Vgl. o.V. (2014i)

[36] Vgl. o.V. (2014q)

die Mittelwertbetrachtung ein.[37] Neben den berechneten LIBOR Sätzen veröffentlicht Thomson Reuters im Anschluss auch die übermittelten Zinssätze der einzelnen Banken. Das beschriebene Vorgehen wird für alle Währungen und Laufzeiten des LIBOR gleichermaßen verwendet.

2.1.3. Mittelbare und unmittelbare Anwendungsbereiche/ Nutzungsmöglichkeiten

Aus dem Final Report „ESMA-EBA Principles for Benchmark-Setting Processes in the EU", der in Kooperation von ESMA und EBA erarbeitet wurde, lassen sich drei zentrale Einsatzmöglichkeiten für Benchmarks im Finanzsektor unterscheiden (Vgl. Abbildung 3).

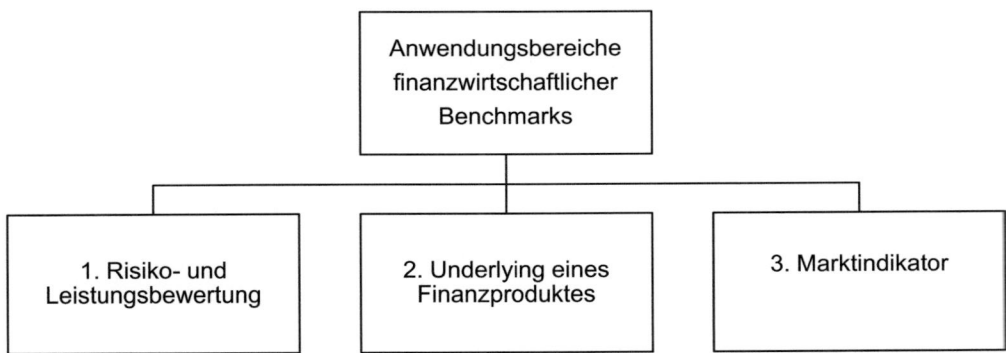

Abbildung 3 Anwendungsbereiche finanzwirtschaftlicher Benchmarks

Quelle: Eigene Darstellung in Anlehnung an ESMA & EBA[38]

Aus diesen werden im Folgenden die mittelbaren und unmittelbaren Anwendungsbereiche bzw. Nutzungsmöglichkeiten des LIBOR abgeleitet.

Im ersten Punkt führt die ESMA/EBA die Verwendung einer Benchmark zur Risiko- und Leistungsanalyse auf. In diesem Fall wird der LIBOR mittelbar als Diskontierungsrate zur Bewertung von Finanzinstrumenten genutzt.[39] Ein Beispiel dafür ist die Bewertung eines Zinsswaps.

Ein Zinsswap ist ein Vertrag zwischen zwei Parteien über den Austausch von Zahlungsströmen, zu bestimmten Zeitpunkten, über einen fest definierten Zeitraum. Bei

---

[37] Vgl. o.V. (2014i)

[38] Vgl. ESMA / EBA (2013b), S. 24

[39] Vgl. Hiroshi (2013), S. 6

Plain-Vanilla Produkten erfolgt ein Tausch von festen gegen variable Zahlungen.[40] Die zu zahlenden Cash Flows werden auf der Basis einer fiktiven Investitionssumme berechnet. Ausgangspunkt zur Berechnung der fixen Zahlungen bildet dabei ein im vorhinein festgelegter Zinssatz. Die variablen Cash Flows werden dagegen mittels einer Referenzgröße bestimmt. Diese variieren über die Laufzeit in Abhängigkeit von der Wertentwicklung ihres Underlyings.[41]

Die Bewertung eines Zinsswaps erfolgt anhand des Barwerts der künftigen Cash Flows. Der LIBOR ist in diesem Verfahren der Diskontierungszinssatz und nimmt somit einen wesentlichen Einfluss auf den Wert des Swaps.[42]

Die Verwendung des LIBOR im Rahmen dieser Bewertungsmethode hat nicht nur Auswirkungen auf das jeweilige Finanzprodukt sondern beeinflusst auch indirekt andere Bereiche wie das Asset-Liability-Management, Risk Management, Kreditrating und die Bilanzierung.[43]

Im zweiten Punkt definiert die ESMA/EBA eine Verwendung von Benchmarks als „Underlying" von Finanzprodukten. In diesem Zusammenhang dient der LIBOR als Referenzgröße und nimmt somit unmittelbaren Einfluss auf die Wertentwicklung[44] von Finanzinstrumenten. Beispielsweise wird der LIBOR zur Kalkulation der variablen Zinszahlung bei Zinsswaps genutzt. Ebenso erfolgt die Nutzung des Referenzzinssatzes bei Zertifikaten und Zinstermingeschäften. Neben der primären Verwendung im Bereich der Derivate gibt es weitere Finanzprodukte deren Zahlungsströme direkt mit dem Referenzzinssatz verbunden sind. Ein Beispiel hierfür ist ein zinsvariables Darlehen.[45] Bei diesem Produkt ergibt sich die Höhe der Annuität in Abhängigkeit vom Referenzzinssatz. Somit bestimmt dieser die Zinsbelastung des Kreditnehmers und letztendlich dessen Kosten für die Rückzahlung des Kredites. (Vgl. Anlage 3)

---

[40] In der Praxis erfolgt kein Austausch beider Zahlungen, sondern nur eine Zahlung der Seite, auf der ein „Sollüberhang" entsteht

[41] Vgl. Hull (2009), S. 194–196

[42] Vgl. Wheatley (2012), S. 45

[43] Vgl. Hiroshi (2013), S. 6

[44] Wertentwicklung ist hier in einem weiteren Sinne zu verstehen d.h. Zinszahlungen werden unter die Wertenwicklung subsummiert

[45] Vgl. o.V. (2012c), S. 2

Im Rahmen der Nutzung einer Benchmark als Underlying lassen sich – losgelöst von der Ebene des einzelnen Finanzproduktes – zwei indirekte Nutzungsmöglichkeiten mit gesamtwirtschaftlichen Auswirkungen ableiten. *„[...] the use of reference rates reduces the complexity of financial contracts and facilitates their standardisation. This lowers transaction costs and enhances market liquidity, especially if reference rates are widely used."*[46] Im Zuge der Etablierung des LIBOR wurde dieser in die ISDA Vereinbarungen integriert.[47] Dies zeigt wie ein Referenzzinssatz zur Standardisierung von Finanzprodukten beitragen kann.

In ihrem Bericht beschreiben die Organisationen (ESMA/EBA) eine dritte Funktion von Referenzzinssätzen. Sie dienen den Finanzmarktteilnehmern in vielerlei Hinsicht als Indikator. In diesem Zusammenhang wird der LIBOR in einem BBC Artikel als „Indicator of trust"[48] bezeichnet. Neben dem reinen Vertrauen lässt der Referenzzinssatz auf die Robustheit des Bankensektors schließen. Dies erklärt sich durch die Bonitätskomponente der gemeldeten Zinssätze. Dadurch signalisiert der LIBOR ein Maß für die Unsicherheit im Interbankenmarkt. Diese Funktion, auch Credit-Signaling genannt, wird in Punkt 3.3.2 näher betrachtet.

Darüber hinaus nutzen Zentralbanken Referenzzinssätze zur Steuerung der Geldpolitik. Die Zinssätze am Interbankenmarkt geben den Notenbanken Aufschlüsse über die Wirkungsweise geldpolitischer Reformen. Eine detailliertere Darstellung dieses Zusammenhangs erfolgt in Punkt 2.2.

Das vom LIBOR abhängige Finanzvolumen von ungefähr 600 Billionen Dollar verdeutlicht die große Bedeutung des Referenzzinssatzes für das Finanzsystem. (Vgl. 1.1) Diese Zahl repräsentiert jedoch lediglich den Teil des Kapitals, der durch die direkte Nutzung des LIBOR als „Underlying" unmittelbar bestimmbar ist. Der Betrag wäre um ein Vielfaches höher, würde man das mittelbar abhängige Finanzvolumen (Vgl. Funktionen des LIBOR als Marktindikator bzw. Bewertungsgrundlage) hinzuaddieren.

---

[46] Hiroshi (2013), S. 4

[47] Die ISDA Agreements sind Mustervereinbarungen für den OTC-Handel von Swaps und Derivaten; Vgl. Hull (2009), S. 944; Die dadurch erreichte Standardisierung erleichtert den Handeln von Finanzprodukten

[48] Vgl. o.V. (2012e)

2.1.4. Beaufsichtigung der Ermittlung des Referenzzinssatzes LIBOR

Im Rahmen der Kritik am bestehenden LIBOR-Konzept wird verstärkt auf eine Reformierung der internen und externen Aufsicht eingegangen. Die Erläuterung des Steuerungs- und Aufsichtssystems des Referenzzinssatzes ist Thema des folgenden Abschnitts. (Vgl. Abbildung 4)

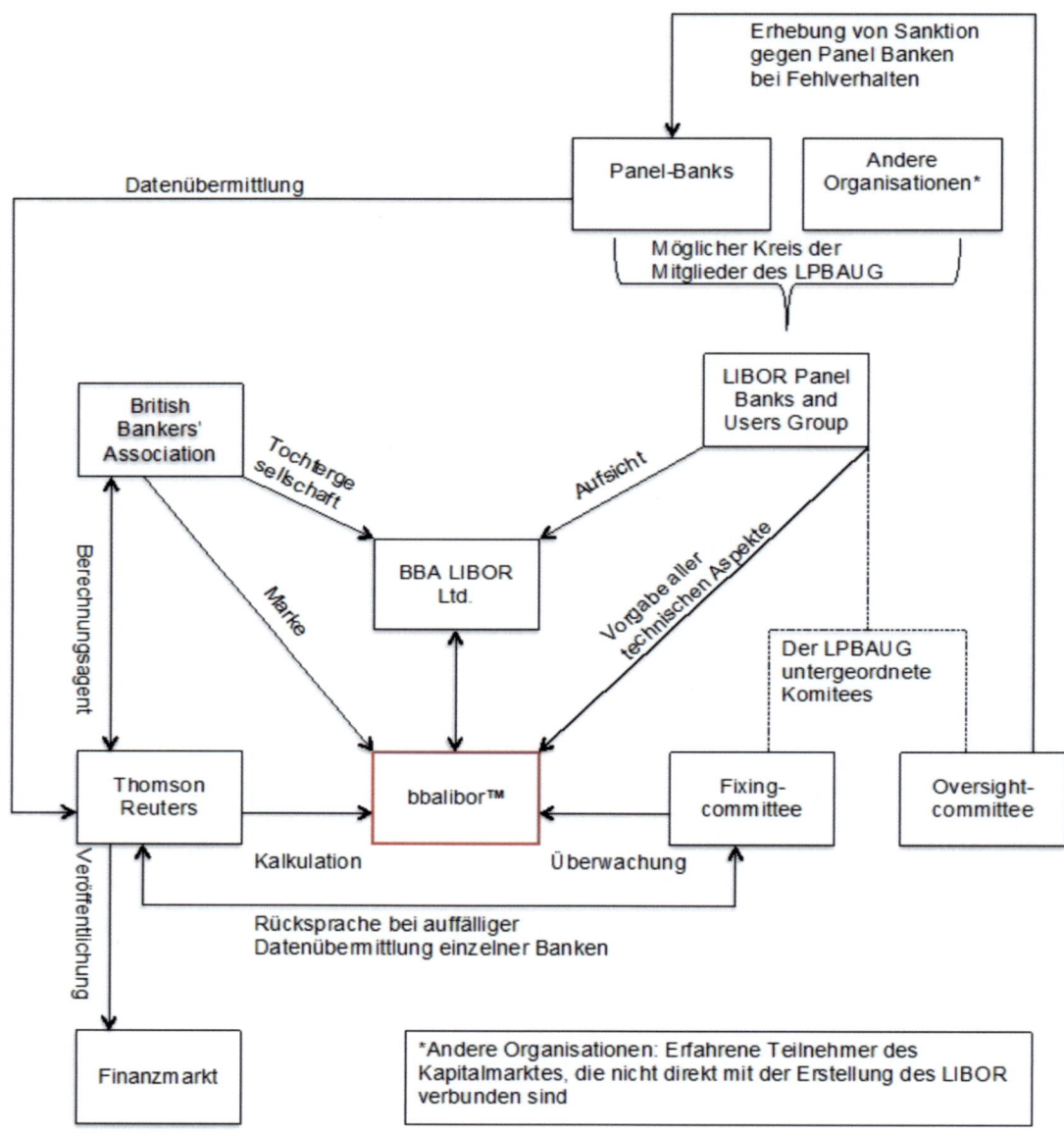

Abbildung 4 Strukturen des LIBOR Systems

Quelle: Eigene Darstellung

Anmerkung: Die Grafik zeigt nur die wichtigsten Verbindungen innerhalb des LIBOR Systems und erhebt keinen Anspruch auf Vollständigkeit

Der LIBOR, auch bbalibor genannt, ist eine Marke der British Bankers' Association. Die BBA LIBOR Ltd., eine Tochtergesellschaft der BBA, ist verantwortlich für die tägliche Erstellung der Benchmark. Dies erfolgt unter der Aufsicht der LIBOR Panel Banks and Users Group (LPBAUG). Dieses Gremium besteht aus Panel Banken und externen Organisationen des Finanzmarktes. Letztere sind nicht direkt an der LIBOR-Erstellung beteiligt. Das LPBAUG ist für alle technischen Aspekte des Referenzzinssatzes verantwortlich. Es agiert unabhängig von der BBA und wird von einem Repräsentanten einer Panel Bank geleitet. Das Recht zur Ernennung dieses Vertreters liegt bei einem Finanzinstitut, das mindestens drei Währungen für die Erstellung des Referenzzinssatzes meldet.

Für die Aufsicht der LIBOR-Kalkulation sind zwei, dem LPBAUG untergeordnete Komitees, verantwortlich. Dabei ist die Hauptaufgabe des „Fixing-committee" die von den Banken gemeldeten Daten auf Auffälligkeiten zu untersuchen. Wurde durch das „Fixing-committee" ein Fehlverhalten eines Finanzinstitutes festgestellt hat das „Oversight-committee" die Möglichkeit, Sanktionen zu erheben. Dies kann bis zum Ausschluss eines Kreditinstituts aus dem Banken-Panel führen. In der Regel kommen die Mitglieder des LPBAUG alle zwei Monate zusammen. Neben dem „Fixing-committee" kommt Thomson Reuters eine wichtige Rolle im Bereich der Datenqualität zu. Vor der Veröffentlichung der LIBOR-Zinssätze werden Plausibilitätsprüfungen vorgenommen. Bei fehlender Plausibilität der gemeldeten Daten wendet sich Thomson Reuters direkt an die jeweilige Bank. Drei fest definierte Indikatoren lösen ein solches Ereignis aus:

1. Die übermittelten Zinssätze weichen um mehr als zwei Standardabweichungen von der vorläufigen LIBOR-Kalkulation ab.
2. Während der Sortierung der gemeldeten Daten fallen Unstimmigkeiten im Vergleich zum Vortag auf. Beispielsweise rutscht eine Bank von einem Ende der Skala an das andere.
3. Zwischen zwei aufeinanderfolgenden Tagen steigen/sinken die gemeldeten Zinssätze eines Finanzinstitutes um mehr als 5 Basispunkte. Eine Ausnahme besteht, wenn dieses Verhalten bei allen Panel Banken zu erkennen ist.

Sollte Thomson Reuters die Unstimmigkeit bzw. Auffälligkeit nicht direkt mit dem jeweiligen Finanzinstitut klären können, erfolgt eine Meldung an das „Fixing-committee". Dieses wird den entsprechenden Fall untersuchen und Schlussfolgerungen direkt an das „Oversight-committee" oder das LPBAUG melden. Eine externe Prüfung des Datenerhebungsprozesses durch eine öffentlich-rechtliche Stelle findet nicht statt.[49]

2.2. Bedeutung der Referenzzinssätze für die Geldpolitik von Notenbanken am Beispiel der EZB

Im folgenden Punkt wird die Bedeutung von Referenzzinssätzen für Notenbanken am Beispiel der Europäischen Zentralbank dargestellt. Der Euro Währungsraum bildet das Hauptaufgabenfeld der EZB. Für die Wirkungsweise der Geldpolitik in der Europäischen Union spielt der LIBOR eine sekundäre Rolle. Um dennoch ein Grundverständnis für die Wirkungsweise zwischen Geldpolitik und Referenzzinssätzen aufzuzeigen, wird der EURIBOR im folgenden Abschnitt herangezogen. Ähnlich dem LIBOR wird der EURIBOR mit Hilfe eines Banken-Panels ermittelt. Er ist ein Geldmarktzinssatz für kurzfristige Anlagen in Euro im unbesicherten Interbankenmarkt. Auch der EURIBOR wird durch Thomson Reuters erstellt.[50]

Um den Zusammenhang zwischen Referenzzinssatz und Geldpolitik zu verstehen, wird zunächst auf die Aufgabe der EZB eingegangen. Hauptaugenmerk der Europäischen Zentralbank ist die Geldwertstabilität im Euro Raum. Diese gilt als gewährleistet, wenn die jährliche Inflationsrate unter zwei Prozent liegt. Zusätzlich hat die EZB den Auftrag, sofern dies nicht im Konflikt mit der Erreichung der Geldwertstabilität steht, die Wirtschaft der einzelnen Mitgliedsstaaten des Währungsraums zu stärken.[51] Zur Erfüllung dieser Ziele stehen der EZB mehrere Instrumente zur Verfügung. Die wichtigsten Stellschrauben zur Umsetzung der Geldpolitik sind der Leitzinssatz sowie die Mindestreservepolitik für Banken.[52] Eine Veränderung dieser wirkt sich über mehrere Kaskaden auf das Preisniveau und die Wirtschaftsleistung der Mit-

---

[49] Der Punkt 2.1.4 Aufsicht des Referenzzinssatzes LIBOR wurde ausschließlich auf den Informationen der Homepage der BBA aufgebaut. Vgl. o.V. (2014f); Vgl. o.V. (2014p); Vgl. o.V. (2014m); Vgl. o.V. (2014u) Neben den Auskünften dieser Seite, gibt es keine Quellen, die dieses Thema näher beleuchten

[50] Vgl. o.V. (2014e)

[51] Vgl. o.V. (2009) Artikel 127 (1) (ex-Artike 105 EGV)

[52] Aufgrund des begrenzten Umfangs des Kapitals bzw. der Studien, wird hier nicht detaillierter auf die einzelnen Instrumente zur Steuerung der Geldpolitik der EZB eingegangen

gliedsstaaten aus. Dieser Prozess wird Transmissionsmechanismus genannt. [53] Geldpolitische Entscheidungen der EZB zeichnen sich zunächst auf dem Interbankengeldmarkt ab. Referenzzinssätze wie der EURIBOR bilden somit einen ersten Indikator (Vgl. Punkt 2.1.3.) für einen funktionierenden Transmissionsmechanismus der Geldpolitik. Ein idealtypisches Beispiel verdeutlicht den funktionierenden Transmissionsmechanismus.

Eine Senkung des Leitzinssatzes sollte im ersten Schritt („in erster Instanz") zu niedrigeren Zinsen auf dem Interbankenmarkt führen. Die gesunkenen Refinanzierungskosten der Banken begünstigen die Kreditvergabe in der Privatwirtschaft. Diese kurbelt die Investitionsbereitschaft von Unternehmen und Haushalten an. Somit steigt die Nachfrage nach Gütern und Dienstleistungen. Bei konstantem Angebot hat dies inflationäre Tendenzen auf das Preisniveau. Bedingt durch den Anstieg des Konsums ist eine Erhöhung der Wirtschaftsleistung zu erkennen. [54] [55]

Die Schwierigkeit der Steuerung der Geldpolitik mittels der genannten Instrumente liegt in der zeitlich verschobenen und dem nicht exakt abschätzbaren Ausmaß ihrer Wirkungsweise. Darüber hinaus können nicht vorhersehbare wirtschaftliche Ereignisse (sog. Schocks) den Effekt des Transmissionsmechanismus wesentlich beeinflussen. Dies war während des Beginns der Finanzkrise im Jahr 2008 zu beobachten. Angestoßen durch die Insolvenz der Investment Bank Lehman Brothers wurde nicht nur das Vertrauen der Investoren in den Kapitalmarkt erschüttert, sondern auch die Beziehung der Banken untereinander nachhaltig verschlechtert. [56] Die mittelbaren negativen Auswirkungen der Finanzkrise auf die Wirtschaftsleistung der einzelnen Eurostaaten konnten nicht durch das traditionelle Instrumentarium der EZB abgefedert werden. Trotz diverser Leitzinssenkungen in den darauf folgenden Jahren[57] war keine Stimulierung der Wirtschaft erkennbar. Bedingt durch das fehlende Vertrauen der Institute untereinander, stoppte der Transmissionsmechanismus bereits in erster

---

[53] Vgl. European Central Bank (2011), S. 62–63

[54] Verkürzte, idealtypische Wirkungsweise des Transmissionsmechanismus zur Veranschaulichung.

[55] Vgl. European Central Bank (2011), S. 62–66

[56] Vgl. Von Petersdorff (2008)

[57] Vgl. o.V. (2014g)

Instanz.[58] Steigende Zinssätze am Interbankenmarkt (Vgl. Abbildung 5) erschwerten die Refinanzierung der Banken.

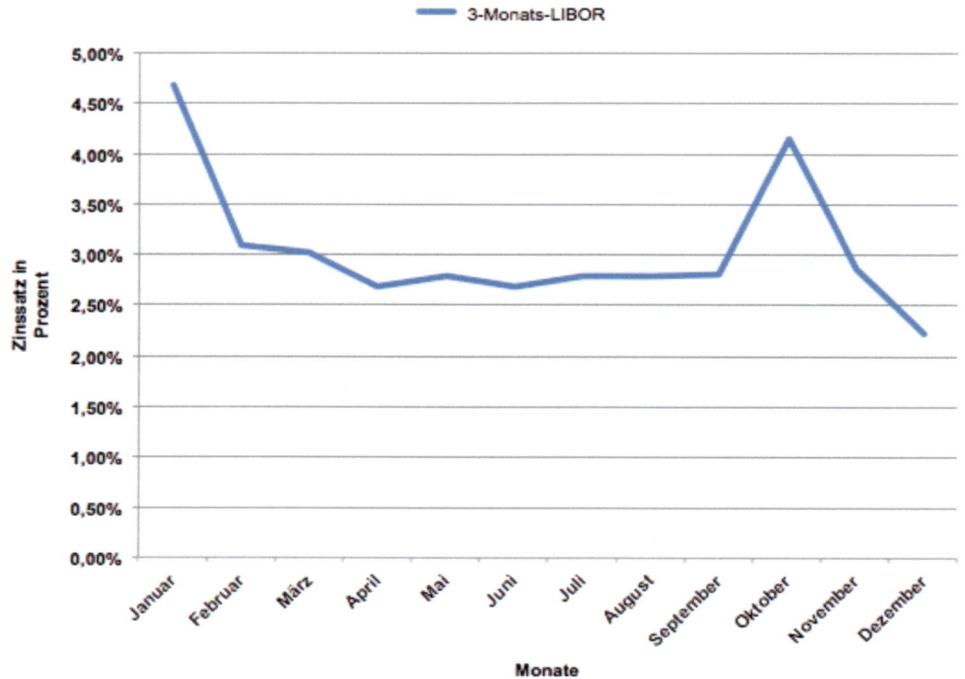

Abbildung 5 Entwicklung des 3-Monats-LIBOR US Dollar im Jahr 2008

Quelle: Eigene Darstellung, Datenbasis global-rates.com[59]

Anmerkung: Insolvenz des Finanzinstitutes Lehman Brothers am 15. September 2008

Die Folge war ein Einbruch der Umsätze auf dem unbesicherten Interbankenmarkt. Daher ergriff die EZB einige Sondermaßnahmen zur Wiederherstellung eines funktionierenden Transmissionsmechanismus.[60]

Die Höhe der Referenzzinssätze signalisiert die Funktionsfähigkeit des Interbankenmarktes bzw. die Robustheit der einzelnen Banken im Markt. Dadurch kommt Referenzzinssätzen ein weiteres Mal eine wichtige Funktion als Indikator zu. (Vgl. 2.1.3.) Die Autoren Gyntelberg und Wooldridge beschreiben diesen Zusammenhang in ihrer Ausarbeitung „Interbank rate fixings during the recent turmoil".[61]

---

[58] Vgl. European Central Bank (2011), S. 44

[59] Vgl. o.V. (2014h)

[60] Vgl. European Central Bank (2011), S. 137–139

[61] Vgl. Gyntelberg / Wooldridge (2008)

Weiterhin haben Referenzzinssätze eine wichtige Funktion für die Stabilität des gesamten Finanzsystems. Diese Wirkungsweise beschreibt Nakaso in seiner Ausarbeitung mit dem Titel: „Towards better reference rate practices: a central bank perspective".[62] Aufgrund der Fokussierung der vorliegenden Untersuchung auf die Manipulationsauswirkungen sowie den abgeleiteten Handlungsbedarf wird an dieser Stelle lediglich auf die entsprechende Quelle verwiesen.

---

[62] Vgl. Hiroshi (2013), S. 12–13

3. Anreize zur Manipulation von Referenzzinssätzen – eine Analyse auf Basis der Agency-Theorie

3.1. Grundgedanke der Agency-Theorie

Neben der Transaktionskosten- und der Verfügungsrechtstheorie wird die Prinzipal-Agent-Theorie, auch Agency-Theorie genannt, in die Gruppe institutionen-ökonomischer Organisationstheorien eingeordnet.[63]

Ausgangspunkt für eine Prinzipal-Agent-Beziehung ist ein Vertrag zwischen einem Prinzipal (Auftraggeber) und einem Agenten (Auftragnehmer) zur Erfüllung einer Aufgabe. Der Erfolg des Auftraggebers ist somit maßgeblich vom „Wissen und Wollen" des Agenten abhängig. Im weiteren Sinne kann ein Prinzipal-Agent-Verhältnis wie folgt definiert werden *„Whenever one individual depends on the action of another, an agency relationship arises."*[64] Neben den begrenzten Kapazitäten (I) des Prinzipals können die speziellen Fähigkeiten (II) oder ein Wissensvorsprung (III) auf der Seite des Agenten der Ursprung einer solchen Beziehung sein.[65] Nachfolgend werden diese an jeweils einem Beispiel dargestellt. Mit begrenzten Ressourcen werden Führungskräfte in Unternehmen tagtäglich konfrontiert. Die Arbeitsteilung ist Grundlage der Betriebswirtschaft. Jede delegierte Aufgabe bildet die Basis für eine Prinzipal-Agent-Beziehung. Im Rahmen der Geschäftsführung einer Aktiengesellschaft nutzen Aktionäre die speziellen Fähigkeiten eines Managers zur Führung des Unternehmens. Hier entsteht eine Agency Beziehung zwischen Kapitalgebern und dem Management. Der Wissensvorsprung einer strategischen Unternehmensberatung ist ein weiterer Ausgangspunkt für eine Agency-Beziehung zwischen der Beratungsgesellschaft und ihrem Mandanten. Prinzipal-Agent-Verhältnisse beschränken sich jedoch nicht auf das Wirtschaftsleben. Auch im privaten Alltag sind diese allgegenwärtig. So nutzt ein Patient (Prinzipal) beispielsweise den Wissensvorsprung eines Arztes (Agent) zur Heilung einer Krankheit.

Die konkrete Zuordnung der Rollen von Prinzipal und Agent ist situationsabhängig.[66] Beispielsweise ist der Vorgesetzte im Fall der Delegierung von Aufgaben der Prinzi-

---

[63] Vgl. Kieser / Walgenbach (2007), S. 50

[64] Pratt / Zeckhauser (1985), S. 2

[65] Vgl. Wolf (2013), S. 364

[66] Vgl. Picot et. al. (2008), S. 72–73

pal. Auf der übergeordneten Führungsebene agiert dieser jedoch in der Rolle des Agenten.

Allen angeführten Beispielen der Agency-Theorie ist gemein, dass durch die Nutzenmaximierung der jeweiligen Parteien, Interessenskonflikte zwischen Prinzipal und Agent auftreten können.

In beiden Fällen ergibt sich der Nutzen aus einer Deltabetrachtung. Auf der Seite des Prinzipals ist dies die delegierte Arbeitsleistung abzüglich der Entlohnung des Auftragnehmers. Seine Nutzenmaximierung besteht somit in der bestmöglichen Aufgabenbewältigung durch den Agenten, bei geringstmöglichen Kosten. Im Fall des Agenten definiert sich der Nutzen durch die erhaltene Vergütung abzüglich der eingebrachten Arbeitsleistung. Sein Bestreben ist die Maximierung des Lohns unter Berücksichtigung eines minimalen Arbeitsaufwands.[67] Neben den beschriebenen Interessenskonflikten ist der Informationsvorsprung des Agenten vor dem Prinzipal das zweite Merkmal einer Agency Beziehung. Der Auftragnehmer kennt im Gegensatz zum Auftraggeber seine Fähigkeiten und Motivation die bestehende Aufgabe zu lösen. Dieses Merkmal wird als Informationsasymmetrie bezeichnet.[68] Die unterschiedlichen Risikoeinstellungen von Prinzipal und Agent werden in der Literatur als dritte Charaktereigenschaft einer Prinzipal-Agent-Beziehung beschrieben. Der Agent ist im Vergleich zum Prinzipal tendenziell gewillt ein höheres Risiko einzugehen.[69] Ein „Scheitern" oder „Fehler" hat für den Agenten geringere Folgen hat, als für den Prinzipal.

3.2. Verschiedene Erscheinungsformen der Agency-Theorie

Aus Prinzipal-Agent-Beziehungen können verschiedene Probleme resultieren. Grundlegend sind drei Erscheinungsformen denkbar. Sie alle nehmen Bezug auf die Informationsasymmetrie zwischen Prinzipal und Agent. Der Ursprung sowie der Zeitpunkt des Informationsdefizites bilden die Anknüpfungspunkte zur Differenzierung der einzelnen Problemstellungen. Der Moment des Vertragsabschlusses teilt

---

[67] Vgl. Jost / Backes-Gellner (2001), S. 16–17
[68] Vgl. Jost / Backes-Gellner (2001), S. 21
[69] Vgl. Jost / Backes-Gellner (2001), S. 22

die Betrachtung des zeitlichen Ursprungs in zwei Teile. Die Informationsasymmetrie kann vor bzw. nach dem Vertragsabschluss entstehen.

Nachfolgende Tabelle zeigt die drei Ausprägungen der Informationsasymmetrie:

	Hidden Action	Hidden Information	Hidden Character-istics
Ursprung der Informationsdefizite	endogen	exogen	exogen
Zeitpunkt des Informationsdefizits	ex post	ex post	ex ante
Vertragsproblem	Moralisches Risiko	Moralisches Risiko	adverse Selektion

Tabelle 1 Die Klassifikation verschiedener Vertragsbeziehungen mit asymmetrischer Information

Quelle: Eigene Darstellung Jost / Backes-Gellner[70]

Zunächst werden diese näher beschrieben, bevor im Nachgang auf die daraus entstehenden Vertragsprobleme eingegangen wird.

Ein Auftraggeber kann das Verhalten des Delegierten während der Durchführung einer Aufgabe nicht beobachten. Somit ist für den Prinzipal nicht abschätzbar, inwiefern der Agent seine kompletten Fähigkeiten zur Bewältigung der Tätigkeit einsetzt. Diese Form der Informationsasymmetrie zwischen den beiden Parteien wird Hidden Action genannt. Sie tritt erst nach Vertragsabschluss (ex post) und durch die Handlung des Agenten (endogen) auf.[71]

Die Hidden Information beschreibt eine Asymmetrie zwischen Prinzipal und Agent hinsichtlich verborgener Informationen. Vor der Durchführung einer Aufgabe liegen beiden Parteien die gleichen Erkenntnisse vor. Durch die intensive Auseinandersetzung mit der Thematik kann der Agent im Lauf der Tätigkeit Informationen erhalten, die zu Beginn nicht bekannt waren. Somit entsteht ein Informationsdefizit auf der Seite des Prinzipals. Die daraus abgeleitete Gefahr des Auftraggebers besteht darin, dass er sich nicht sicher sein kann, ob der Agent die neuen Erkenntnisse in seinem Sinn verwendet. Die Interpretation und Anwendung dieser könnte, auf Ebene des

---

[70] Vgl. Jost / Backes-Gellner (2001), S. 25

[71] Vgl. Bea / Göbel (2010), S. 147

Prinzipals, unterschiedlich erfolgen. Ähnlich der Hidden Action entsteht die Asymmetrie erst nach Vertragsabschluss (ex post), hat jedoch ihren Ursprung in exogenen Faktoren (erlangte Informationen). Folgendes Beispiel verdeutlicht diesen Zusammenhang. Im Lauf seiner Tätigkeit erhält ein Außendienstmitarbeiter einer Versicherung mehr Informationen über seinen Kundenstamm als der vorgesetzte Vertriebsleiter.[72]

Die dritte Erscheinungsform wird Hidden Characteristics genannt. Im Gegensatz zu den bereits angeführten Ausprägungen von Informationsasymmetrien hat diese ihren zeitlichen Ursprung bereits vor (ex ante) dem Vertragsabschluss. Da ein Auftraggeber vor Vertragsabschluss nicht alle Eigenschaften und Fähigkeiten eines potentiellen Agenten kennen kann, entsteht ein asymmetrisches Informationsverhältnis zulasten des Prinzipals.[73]

In Teilen der Literatur erfolgt die Unterscheidung einer vierten Erscheinungsform. Diese wird Hidden Intention genannt. Sie beschreibt die für den Prinzipal verborgenen Absichten des Agenten vor Vertragsabschluss. Da die Hidden Intention den Hidden Characteristics sehr ähnlich ist, verzichten die meisten Quellen auf eine Differenzierung zwischen diesen zwei Erscheinungsformen.[74]

Wie eingangs erwähnt, bilden die Informationsasymmetrien den Ursprung für verschiedene Probleme. Die verborgenen Eigenschaften des Agenten (Hidden Characteristics) können zur „adverse selection" führen. Diese beschreibt die Gefahr der unvorteilhaften Auswahl eines Agenten, bedingt durch zunächst verborgene Eigenschaften. *„Bietet eine Versicherungsgesellschaft aus statischen Durchschnittswerten berechnete Versicherungsleistungen an, muss sie damit rechnen, dass nur diejenigen, die glauben, einem überdurchschnittlichen Risiko ausgesetzt zu sein, Versicherungsverträge abschließen."*[75]

Aus der Hidden Action sowie der Hidden Information folgt das Problem des „moralischen Risikos". Dieses, auch „moral hazard" genannt, bezeichnet die Gefahr für den

---

[72] Vgl. Jost / Backes-Gellner (2001), S. 30–31

[73] Vgl. Jost / Backes-Gellner (2001), S. 25–31

[74] Vgl. Bea / Göbel (2010), S. 147

[75] Picot et. al. (2008), S. 74–75

Prinzipal, dass der Agent dessen Informationsdefizit zu eigenen Gunsten ausnutzt.[76] In der Praxis werden verschiedene Formen des „moralischen Risikos" unterschieden. Eine mögliche Erscheinungsform sind „fringe benefits". Hat der Agent die Wahl, entscheidet er sich für die Alternative, die ihm einen persönlichen Nutzen einbringt.

Die Benutzung von betrieblichen Eigentum für private Zwecke des Agenten („consumption on the job") stellt eine weitere Form des „moralischen Risikos" dar.[77] In gleichem Kontext bezeichnet der Begriff des „shirking", die Neigung des Agenten zur Drückebergerei.[78] Kann der Prinzipal die Handlung des Agenten nicht beobachten (Hidden Action), erfolgt beispielsweise keine Sanktionierung häufiger Arbeitspausen.

Die Situation des „hold-up" ist ein weiteres Problem, das aus einer Prinzipal-Agent-Beziehung entstehen kann. Der Ursprung liegt jedoch nicht in der Informationsasymmetrie, sondern vielmehr in der vertraglichen Bindung beider Parteien. „Hold-up" bezeichnet das Ausnutzen einer temporären Machtposition durch den Agenten zu Lasten des Prinzipals. In der Wirtschaft kann dieses Verhalten bei Lieferantenbeziehungen beobachtet werden. Große Konzerne nutzen ihre Marktstellung, um Preise kleiner Zuliefergesellschaften zu drücken.[79]

Zur Lösung eines Agenturproblems werden in der Theorie drei verschiedene Wege unterschieden:

- Förderung des Wettbewerb im Markt
- Vorgabe von Normen und Regeln
- Integration von Anreizsystemen

Die durch die Umsetzung dieser Maßnahmen entstehenden Kosten werden als Agenturkosten („agency costs") bezeichnet. Es ist im Interesse des Prinzipals stets die Lösung zu wählen, die neben der besten Wirksamkeit, die geringsten „agency costs" verursacht.[80]

---

[76] Vgl. Picot et. al. (2008), S. 74

[77] Vgl. Bea / Göbel (2010), S. 147

[78] Vgl. Wolf (2013), S. 366

[79] Vgl. Wolf (2013), S. 366

[80] Vgl. Bea / Göbel (2010), S. 148–150

3.3. Anwendung der Agency-Theorie auf den Referenzzinssatz LIBOR

3.3.1. Konzeptionelle Vorüberlegung

Innerhalb des LIBOR-Systems sind verschiedene Prinzipal-Agent-Verhältnisse zu erkennen. Die nachfolgende Grafik verdeutlicht drei Beziehungen.

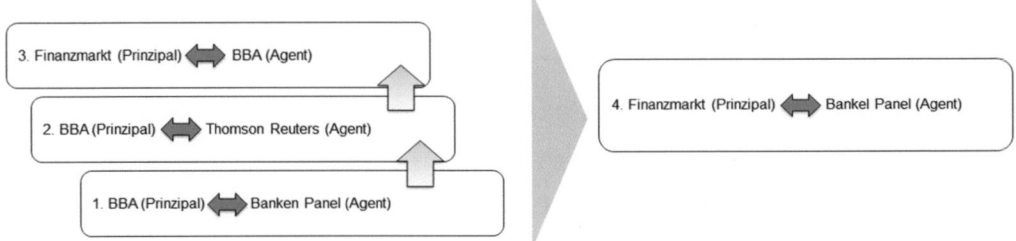

Abbildung 6 Prinzipal-Agent-Beziehungen im Erstellungsprozess des Referenzzinssatzes LIBOR

Quelle: Eigene Darstellung

Ausgangspunkt der Betrachtung ist die Prinzipal-Agent-Beziehung zwischen der BBA und dem Banken-Panel (1). Die British Bankers' Association trägt die Verantwortung zur Erstellung des Referenzzinssatzes. Sie nimmt somit die Rolle des Prinzipals ein. Die einzelnen Panel Banken agieren als Agent, indem sie Daten zur LIBOR Erhebung melden. Durch die Beauftragung von Thomson Reuters als Berechnungsagent entsteht zwischen der BBA und Thomson Reuters eine weitere Prinzipal-Agent-Beziehung (2). Ausgehend vom Bedürfnis des Finanzmarktes nach einer einheitlichen Finanzierungskosten-Benchmark, kann eine dritte Prinzipal-Agent-Beziehung bestimmt werden. In diesem Fall beauftragt die Gesamtheit der Marktteilnehmer (Prinzipal) die BBA (Agent) zur Erstellung des Referenzzinssatzes LIBOR (3).

Da die Datenerhebung letztendlich durch die Panel Banken erfolgt, kann die BBA in der dritten Beziehung durch das Bank-Panel ersetzt werden. Im Ergebnis resultiert daraus ein Prinzipal-Agent-Verhältnis zwischen dem Finanzmarkt (Prinzipal) und dem Banken-Panel (Agent).

Die Finanzinstitute des Panels sind Ausgangspunkt der LIBOR Kalkulation, sowie gleichzeitiger Nutzer von Referenzzinssätzen. Ihr Erfolg wird maßgeblich vom Wert der Benchmarks beeinflusst. Daraus resultiert ein Interessenskonflikt.[81]

3.3.2. Credit-Signaling

Ein erheblicher Anreiz der Beeinflussung des Referenzzinssatzes LIBOR war dessen Signalwirkung auf die Teilnehmer der internationalen Finanzmärkte. In der Literatur wird dieser Effekt als Credit-Signaling oder Stigma Effekt bezeichnet. Zum Verständnis der Problematik greift dieser Gliederungspunkt auf die Inhalte aus Abschnitt 2.1.1. und 2.2. zurück. Den Ausgangspunkt zur Erläuterung des Stigma Effekts bildet die Bonitätskomponente des Referenzzinssatzes LIBOR. Diese hielt mit der Reformierung im Jahr 1998 Einzug in das Berechnungssystem. (Vgl. 2.1.1.) Die erheblichen Auswirkungen dieser Veränderung zeigten sich erst mit dem Beginn der Finanzkrise im Jahr 2008. Bis zu diesem Zeitpunkt spielte die Bonität der Panel Banken innerhalb der LIBOR Kalkulation eine untergeordnete Rolle.[82] Die Folgen des Vertrauensverlustes unter den Banken in der Finanzkrise beschränkten sich nicht nur auf den Euro Raum. Die Volumina, der an dem internationalen unbesicherten Interbankengeldmarkt gehandelten Finanzmittel, gingen erheblich zurück.[83] Es war von einem Austrocknen des Marktes die Rede. (Vgl. 2.2.) Ein Indikator für die Unsicherheit im Interbankenmarkt ist der Spread zwischen LIBOR und OIS.[84] Abbildung 7 zeigt die erheblichen Ausschläge des LIBOR-OIS Spread im September und Oktober 2008.

---

[81] Vgl. Wheatley (2012), S. 80

[82] Vgl. Hauschild et. al. (2013), S. 1

[83] Vgl. Hauschild et. al. (2013), S. 2

[84] OIS sind overnight index swaps; eine genaue Erläuterung erfolgt in Punkt 5.3.4.

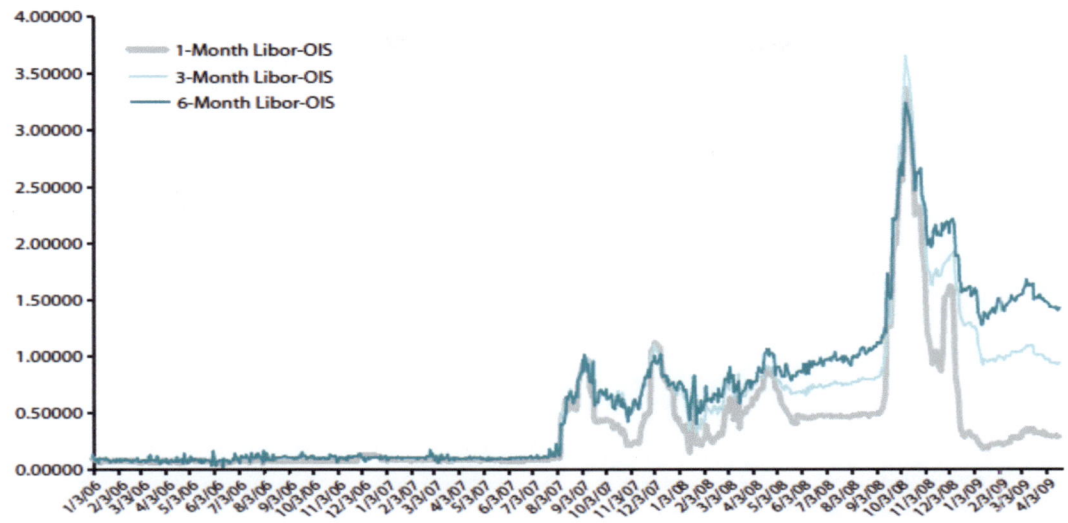

Abbildung 7 Entwicklung des LIBOR-OIS Spread von 2006 bis 2009

Quelle: What the Libor-OIS Spread Says[85]

Das rückläufige Handelsvolumen (Abbildung 8) in Verbindung mit dem fehlenden Vertrauen der Finanzinstitute untereinander führte zu höheren Zinssätzen innerhalb der LIBOR Kalkulation.[86]

Der Ursprung des Credit-Signaling liegt in der Veröffentlichung der gemeldeten Zinssätze. Externe Marktteilnehmer schließen aus den Zinsmeldungen einer Bank auf deren Bonität.[87] Hohe Zinsen signalisieren einen hohen Risikoaufschlag und somit eine schlechte Bonität. Die gleiche Interpretation ergibt sich in umgekehrter Form für niedrige Zinssätze.[88]

---

[85] Thornton (2009), S. 1

[86] Vgl. Abbildung 5 Monate September und Oktober; die Beobachtungen decken sich mit dem Verlauf des LIBOR-OIS Spread aus Abbildung 7

[87] Vgl. Wheatley (2012), S. 79

[88] Vgl. Kranacher (2013), S. 80

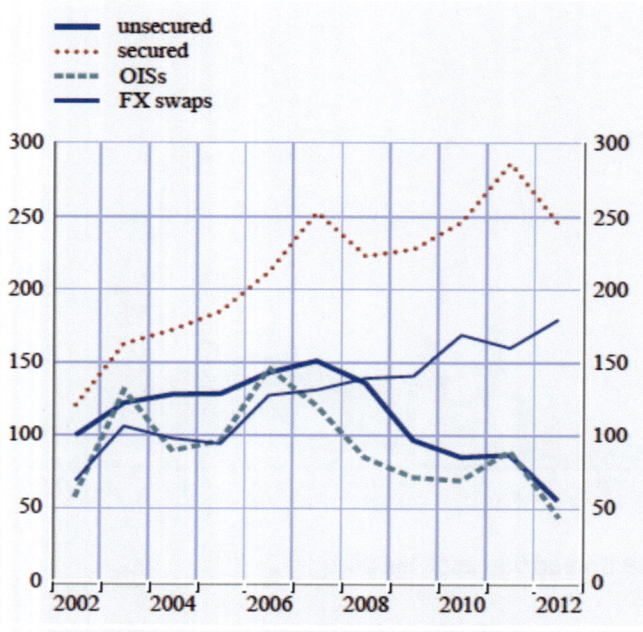

Note: The panel comprised 105 credit institutions.

Abbildung 8 Durchschnittlicher Tagesumsatz in verschiedenen Geldmarktsegmenten

Quelle: Euro Money Market Study 2012[89]

Bezugnehmend auf die Erscheinungsformen der Prinzipal-Agent-Theorie ist im Rahmen des Credit-Signaling eine Informationsasymmetrie in der Form der Hidden Information erkennbar. (Vgl. 3.2.) Der Ursprung dieser Asymmetrie liegt in der Art der Datenerhebung des Referenzzinssatzes. Basis der Datenerstellung sind die gemeldeten Zinssätze für Kredite im Interbankenmarkt der einzelnen Finanzinstitute. Diese ergeben sich jedoch nicht aus den Transaktionen der Banken, sondern aus deren subjektiven Einschätzungen. Es ist nicht klar erkennbar, wie die Panel Banken im Ergebnis zu den gemeldeten Zinssätzen kommen. (Vgl. 2.1.1.) Thomson Reuters, die BBA sowie der externe Finanzmarkt[90] können zwar das Verhalten der Banken innerhalb der LIBOR Kalkulation beobachten, haben jedoch nicht die gleichen Informationen wie diese. Abgeleitet aus den bereits beschriebenen Vertragsproblemen einer Agency Beziehung trägt der Prinzipal (Finanzmarkt) ein moralisches Risiko. Die Banken nutzten das Informationsdefizit des Finanzmarktes hinsichtlich der Datenerhebung zur eigenen Nutzenmaximierung. Barclays PLC. wurde in diesem Zusammenhang von amerikanischen und britischen Regulierungsbehörden nach-

---

[89] European Central Bank (2012), S. 60

[90] Die Teilnehmer des Finanzmarktes, die nicht direkt mit der LIBOR Erstellung in Verbindung stehen

träglich zu hohen Strafzahlungen verurteilt. Aufgrund der Signalwirkung hatte das Finanzinstitut im Zeitraum von 2005 bis 2009 Zinssätze zur LIBOR Ermittlung bewusst zu niedrig angegeben. Laut Barclays geschah dies auf Anweisung der Bank of England.[91] Es ist bis heute nicht zweifelsfrei geklärt, ob die Britische Notenbank eine Rolle in der Zinsmanipulation gespielt hat.[92]

3.3.3. Monetäre Anreize

Einen weiteren Anreiz zur Manipulation des Referenzzinssatzes LIBOR bilden monetäre Absichten der Finanzinstitute. Da die Wertentwicklung vieler Derivate direkt an einen Referenzzinssatz gekoppelt ist, liegt der Anreiz zur Beeinflussung dieser nahe.[93] Bereits eine geringe Veränderung des Zinssatzes, kann – je nach bestehender Long- oder Short - Position in diesem Derivat – eine erhebliche Auswirkung auf den Gewinn bzw. Verlust eines Finanzinstitutes haben. Dies verdeutlicht ein Artikel im Wall Street Journal aus dem Jahr 2013: *„Deutsche Bank calculated that as of Sept. 30, 2008, it could gain or lose as much as about €68 million for each one-hundredth of a percentage point change in the gap between different rates related to Libor and the euro interbank offered rate [...]".*[94] Im Verlauf der Untersuchungen der Manipulationsvorwürfe gegen internationale Großbanken wurden von den Britischen Regulierungsbehörden zahlreiche E-Mail Ausschnitte der Dialoge zwischen Derivatehändlern veröffentlicht.[95] Diese zeigen die institutsübergreifende Absprache zwischen den Tradern. Das Ziel war die Maximierung der Handelsgewinne der einzelnen Institute. Neben diesem primären Ziel ist nach wie vor offen, inwiefern etwaige erfolgsabhängige Vergütungsbestandteile der Derivatehändler einen Anreiz zur Manipulation gegeben haben. Wie im Fall des Credit-Signaling stellen die monetären Anreize zur Manipulation des Referenzzinssatzes LIBOR ein moralisches Risiko für den Prinzipal dar.

---

[91] Vgl. Gallu (2012)

[92] Vgl. o.V. (2012d); Vgl. Bächstädt / Pietrzak (2012), S. 20–21

[93] Vgl. Kranacher (2013), S. 80–81; Vgl. Keenan (2012)

[94] Eaglesham (2013)

[95] Vgl. FSA (2012), S. 18–21

4. Analyse der Manipulation des Referenzzinssatzes LIBOR und ihre Auswirkungen

4.1. Exkurs: Zum Begriff der Manipulation

Im bisherigen Verlauf dieses Buches wurde der Begriff „Manipulation" nicht näher erläutert. Daher erfolgt in diesem Gliederungspunkt eine Betrachtung dieses Ausdrucks unter wirtschaftswissenschaftlichen Gesichtspunkten. Eine Manipulation wird durch das Zusammenwirken von drei wesentlichen Merkmalen definiert. Die Grundlage bildet die Absicht einer Person (Beeinflussender), durch die Manipulation einen Vorteil zu erlangen (I). Dafür bedient sich der Beeinflussende Techniken, die dem Beeinflussten nicht ersichtlich sind (II). Die Wirksamkeit einer Manipulation setzt das subjektive Gefühl des Beeinflussten voraus, sich frei entschieden zu haben (III).[96] Im betriebswirtschaftlichen Kontext wird die Manipulation in einer Vielzahl von Bereichen angewendet. So nutzt man diese beispielsweise in der Werbung, um Kunden in ihrer Kaufentscheidung unbewusst in eine bestimmte Richtung zu navigieren. Hintergrund kann die Schaffung eines Bedarfs, die Lenkung auf ein bestimmtes Produkt oder eine Dienstleistung sein. Neben der Werbung verwenden Vertriebsmitarbeiter den gezielten Einsatz von Manipulationstechniken in Verkaufsgesprächen mit ihren Kunden. Das deutsche Strafrecht definiert den Begriff der Manipulation nicht. Nach Paragraph 263 (1) StGB[97] fallen Handlungen, die auf der Ebene eines Dritten vorsätzlich einen Irrtum erzeugen, mit der Absicht der Vorteilsnahme unter den Sachverhalt des Betrugs.

---

[96] Vgl. Hadeler et. al. (2000), S. 2047–2048

[97] Vgl. o.V. (1998) Paragraph 263 (1)

4.2. Schwachstellen mit Manipulationspotenzial im Prozess der Datengenerierung des Referenzzinssatzes LIBOR

4.2.1. Berechnungsgrundlage des LIBOR

Im Zusammenhang mit der Manipulation des LIBOR werden verschiedene Reformvorschläge diskutiert. Grundlage dieser sind die wesentlichen Schwachstellen des Referenzzinssatzes. Auf der Ebene der Berechnungsgrundlage ergeben sich drei Problemstellungen:

- Fehlender Bezug zu Transaktionen im Interbankenmarkt
- Signalwirkung der gemeldeten Zinssätze
- Fixierung auf den unbesicherten Interbankenmarkt

Die subjektive Datenerhebung sowie der Einfluss des Bonitätsrisikos wurden bereits im Punkt 3.3.2. ausführlich erläutert. Eine weitere Schwachstelle ist die Fixierung der LIBOR Kalkulation auf den unbesicherten Interbankenmarkt. Bereits vor dem Ausbruch der Finanzkrise konnte man eine deutliche Bewegung der Zinssätze und Umsatzvolumina in diesem Marktsegment erkennen. Zum ersten Mal war das Handelsvolumen im besicherten Interbankenmarkt höher als im unbesicherten.[98] Dieser Trend wurde im Laufe der Krise weiter verstärkt. Die graphische Darstellung der Volumina verschiedener Geldmarktsegmente in Abbildung 8 verdeutlicht den Anstieg der Umsätze am besicherten Interbankenmarkt. Abbildung 9 zeigt die Handelsaktivität unbesicherter Transaktionen unter den Panel Banken im Jahr 2011, unterteilt nach Währungen und Laufzeiten. Die Umsätze in den Währungen unterscheiden sich stark in Abhängigkeit von den jeweiligen Laufzeiten.

---

[98] Vgl. Hauschild et. al. (2013), S. 2

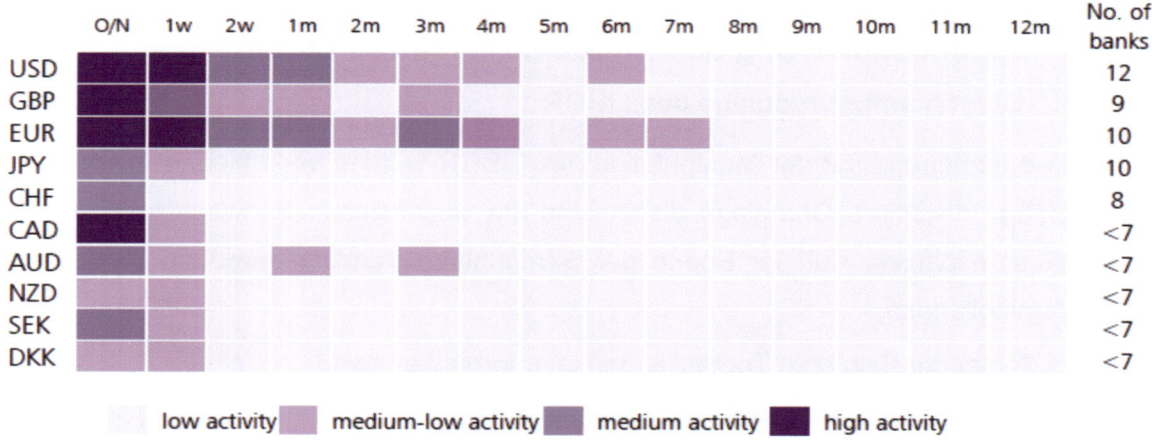

Abbildung 9 Transaktionen im unbesicherten Interbankenmarkt von LIBOR Panel Banken im Jahr 2011

Quelle: The Wheatley Review of LIBOR final report[99]

Nur für Transaktionen in USD, GBP, EUR und AUD findet ein signifikanter Handelsumsatz für Fälligkeiten über einer Woche zwischen den Panel Banken statt. Der Grund hierfür liegt einerseits im bereits beschriebenen Trend zu besicherten Transaktionen und zum anderen in der verstärkten Verwendung inländischer Referenzzinssätze. Da der LIBOR auf quote-basierten Daten ermittelt wird, stellt diese Situation für die Erstellung des Referenzzinssatzes kein Problem dar. Grundsätzlich ergibt sich jedoch die Frage, wie aussagekräftig eine Benchmark ist, dessen indirekte Berechnungsgrundlage ein so geringes Handelsvolumen darstellt. Im folgenden Gliederungspunkt 4.2.2. wird dieser Sachverhalt unter einem weiteren Gesichtspunkt betrachtet.

4.2.2. LIBOR-Banken-Panel

Neben den Problemen auf der Ebene der Berechnungsgrundlage des Referenzzinssatzes LIBOR bestehen weitere Schwachstellen in Bezug auf das Banken-Panel. Aus Gründen der Übersichtlichkeit erfolgt eine Unterteilung in zwei Bereiche. Zunächst werden die Konstruktionsschwächen des Banken-Panels betrachtet. Anschließend erfolgt die Darstellung der Probleme auf Ebene der einzelnen Finanzinstitute.

---

[99] Wheatley (2012), S. 78

Die schwankende bzw. geringe Beteiligung der Banken an der Datenerhebung ist ein kritischer Punkt. Das nachfolgende Zitat verdeutlicht die dadurch entstehende Gefahr von Preisabsprachen. *„In a strictly legal sense, the Libor manipulation scenario can be characterized as a simple example of a price-fixing oligopoly that establishes revenue rates for an entire industry."*[100] Oligopolistische Marktstrukturen entstehen durch eine begrenzte Anzahl von Anbietern, in Verbindung mit einer Vielzahl von Nachfragern. Im Markt für Referenzzinssätze übernehmen die Panel Banken die Seite der Anbieter. Je weniger Anbieter auf einem Markt, desto einfacher sind Preisabsprachen zwischen diesen. Somit hat die Anzahl der Panel Banken einen erheblichen Einfluss auf die korrekte Darstellung der Kosten für unbesicherte Kredite im Interbankengeldmarkt. Die niedrige Beteiligung an der Datenerhebung resultiert aus drei Gründen:

1. Kleines Banken-Panel
2. Durch Marktbewegungen schwankende Anzahl an Datenmeldungen der Finanzinstitute
3. Freiwilligkeit der Zinsmeldungen der Banken

Im Vergleich zu anderen Referenzzinssätzen ist die Anzahl der an der LIBOR Kalkulation beteiligten Finanzinstitute niedrig. In Abhängigkeit von Währung und Laufzeit bilden nur 6 bis 18 Institute das jeweilige Banken-Panel.[101] Das EURIBOR Banken-Panel besteht vergleichsweise aus 28 Finanzinstituten.[102] Der zweite Grund liegt im temporären Rückgang der Datenmeldungen aufgrund von Marktbewegungen. Laut den Anforderungen der BBA dürfen lediglich solche Finanzinstitute Daten zur LIBOR Kalkulation melden, die eine hohe Marktaktivität in der jeweiligen Währung bzw. Laufzeit aufweisen können. (Vgl. 2.1.2.) In illiquiden Marktphasen findet nur ein begrenzter Handel statt. Folglich können nur wenige Institute Daten zur LIBOR Ermittlung liefern. Der gleiche Effekt kann im Rahmen des Trends zu Transaktionen am besicherten Interbankenmarkt beobachtet werden. (Vgl. 4.2.1.) Die dritte Ursache liegt in der Freiwilligkeit der Datenübermittlung.[103] Finanzinstitute sind nicht verpflichtet Daten zur LIBOR Erhebung zu melden. Angenommen, eine Bank kann

---

[100] Kraten (2013), S. 9

[101] Vgl. o.V. (2014o)

[102] Vgl. o.V. (2014j)

[103] Vgl. Wheatley (2012), S. 38

selbst in illiquiden Marktphasen Zinssätze ermitteln, ist sie keineswegs gezwungen, diese zu melden. Durch die Berechnungsmethode des getrimmten Mittelwertes reduziert sich die Anzahl der Datenmeldung erneut. (Vgl. 2.1.2.) In einem extremen Szenario von sechs meldenden Finanzinstituten sinkt die Datenbasis zur Kalkulation des LIBOR auf nur vier Zinssätze.

Im weiteren Verlauf dieses Gliederungspunktes werden die Schwachstellen auf Ebene der Panel Banken erörtert. Die Ausgangssituation bilden drei Problempunkte:

- Versagen bzw. Fehlen von internen und externen Kontrollmechanismen
- Nicht ausreichende/ fehlende Compliance Vorschriften
- Begrenzte rechtliche Folgen für Individuen

Wie in Punkt 2.1.4 „Beaufsichtigung der Ermittlung des Referenzzinssatzes LIBOR" beschrieben, bestehen im Erstellungsprozess des Referenzzinssatzes bereits interne Kontrollmechanismen. Da diese jedoch eine Manipulation nicht verhindern konnten, sind sie grundsätzlich in Frage zu stellen. Es erfolgt keine laufende interne Revision des Datenerhebungsprozesses durch die Finanzinstitute.[104] Somit bilden die fehlenden bzw. nicht funktionsfähigen Kontrollmechanismen auf Ebene der Banken die erste Schwachstelle.[105] Ebenso fraglich ist die Verlässlichkeit der Aufsicht über die Banken seitens der BBA bzw. der LPBAUG. (Vgl. 2.1.4.) Der Gewinn der Panel Banken wird maßgeblich von der Höhe des Referenzzinssatzes beeinflusst. (Vgl. 3.3.3.) Ziel der British Bankers' Association ist die Unterstützung ihrer Mitglieder.[106] Im Fall des US-Dollar Panels sind 17 von 18 Finanzinstituten Mitglied der BBA. (Vgl. Tabelle 2)

---

[104] Vgl. Bächstädt / Pietrzak (2012), S. 22

[105] Vgl. FSA (2012), S. 3 Die Erkenntnisse aus dem Bericht der FSA über fehlende bzw. mangelhafte Kontroll- und Compliance Strukturen auf Ebene von Barclays PLC., werden als repräsentativ für alle Panel Banken herangezogen

[106] Vgl. o.V. (2014r)

BBA LIBOR Panel US-Dollar Stand Mai 2012	Mitglied der BBA	BBA LIBOR Panel US-Dollar Stand Mai 2012	Mitglied der BBA
1. Bank of Amerika	ja	10. JP Morgan Chase	ja
2. Bank of Tokoy-Mitsubishi UFJ Ltd.	ja	11. Lloyds Banking Group	ja
3. Barclays Bank Plc.	ja	12. Rabobank	ja
4. BNP Paribas	ja	13. Royal Bank of Canda	ja
5. Citibank NA	ja	14. Société Générale	ja
6. Credit Agricole CIB	nein	15. Sumitomo Mitsui Banking Corporation	ja
7. Credite Suisse	ja	16. The Norinchukin Bank	ja
8. Deutsche Bank AG	ja	17. The Royal Bank of Scotland Group	ja
9. HSBC	ja	18. UBS AG	ja

Tabelle 2 Finanzinstitute des US-Dollar LIBOR Panel und Mitgliedschaft dieser in der BBA

Quelle: Eigene Darstellung; Datenbasis: bbalibor US-Dollar Panel[107,] Mitglieder der BBA[108]

Nach Ansicht des Autors kommt es in diesem Zusammenhang zwischen der BBA und den Panel Banken zu einem Interessenkonflikt. Dieser entsteht aus dem Ziel der BBA die Interessen der verbundenen Finanzinstitute zu fördern und zur selben Zeit die gleichen Banken (US-Dollar LIBOR Panel) im Datenerhebungsprozess des Referenzzinssatzes zu beaufsichtigen. Ein weiteres Problem ist die fehlende Verpflichtung der Panel Banken zur Dokumentation. Somit ist im Nachhinein nicht nachvollziehbar, auf welcher Datengrundlage die gemeldeten Zinssätze ermittelt wurden.[109] Dies macht eine externe Kontrolle unmöglich.

Fehlende Compliance Vorschriften für das Verhalten der Banken im Erstellungsprozess des LIBOR bilden eine weitere Schwachstelle. Es sollte eine Kommunikationsbarriere sog. Chinese Walls zwischen dem Wertpapiereigenhandel und der für die Zinsmeldung verantwortlichen Abteilung bestehen. Zahlreiche E-Mails zwischen Personen dieser zwei Unternehmensbereiche einer Bank zeigen jedoch, wie einfach eine Beeinflussung der Zinsmeldung war.[110] Neben den internen Absprachen fand auch eine externe Kommunikation zwischen den Derivatehändlern unterschiedlicher Panel Banken statt. Zeitungsberichten zu Folge haben Regierungsbehörden im Rahmen der LIBOR Ermittlungen den Kreis der untersuchten Intuitionen auf Hedge Funds ausgeweitet.[111] Sollte sich bestätigen, dass neben den Banken auch andere Organisationen von der Beeinflussung des Referenzzinssatzes profitiert haben, ist

---

[107] Vgl. o.V. (2014s)

[108] Vgl. o.V. (2014t)

[109] Vgl. Wheatley (2012), S. 33

[110] Vgl. o.V. (2012b)

[111] Vgl. Murphy et. al. (2012)

das Ausmaß der Manipulation größer als zunächst angenommen. Diese Ereignisse sind auf unzureichende Compliance Strukturen [112] innerhalb der Finanzinstitute zurückzuführen. Die BBA schreibt auf ihrer Homepage, dass Panel Banken den Prozess zur Datenerhebung im Rahmen der jährlichen Compliance Kontrolle überprüfen müssen. [113] Aufgrund der dargestellten Probleme ist es fraglich, inwiefern dies in der Vergangenheit geschehen ist.

Eine letzte Schwachstelle sind die rechtlichen Folgen für die Einzelpersonen, die an der Manipulation beteiligt waren. Unterschiedliche Strafverfolgungssysteme sowie die internationale Mobilität der beteiligten Personen machen eine Rechtsverfolgung einzelner Bankmitarbeiter schwierig. [114] Bisher (Stand Januar 2012) wurden lediglich die jeweiligen Finanzinstitute strafrechtlich verfolgt. (Vgl. Abbildung 1)

4.2.3. Fehlende Konkurrenz von alternativen Referenzzinssätzen

Fehlende alternative Referenzzinssätze sind keine direkte Schwachstelle des LIBOR. Dennoch hängen sie mittelbar mit dessen Manipulation zusammen. Der Referenzzinssatz LIBOR entstand aus dem Wunsch der Marktteilnehmer nach einer einheitlichen Finanzierungskosten-Benchmark. (Vgl. 2.1.1.) Aufgrund des breiten Anwendungsbereichs des LIBOR, sowie seiner Implementierung in die Standardbedingungen verschiedener Finanzprodukte (ISDA), bestand seitens der Marktteilnehmer kein Bedürfnis nach weiteren Benchmarks. (Vgl. 2.1.3.) Dies erläutert die geringe Produktvielfalt auf dem Markt für Referenzzinssätze. Speziell im Bereich von Laufzeiten größer einem Monat gibt es wenige Alternativen zum LIBOR. [115] Die fehlenden Ausweichmöglichkeiten erklären weshalb Derivatehändler trotz begründetem Manipulationsverdacht, weiterhin den LIBOR als Referenzzinssatz verwendet haben. [116] Nach der Meinung des Autors ist anzunehmen, dass bei adäquaten Alternativen eine Manipulation des LIBOR in diesem Ausmaß nicht möglich gewesen wäre.

---

[112] Compliance Strukturen bezeichnen in diesem Zusammenhang Präventionsmaßnahmen der Banken um Interessenkonflikte zu vermeiden Vgl. Gerke (2002), S. 197

[113] Vgl. o.V. (2014p)

[114] Vgl. Bächstädt / Pietrzak (2012), S. 22

[115] Vgl. Masters et. al. (2012)

[116] Vgl. Keenan (2012)

4.3. Exemplarische Analyse der Auswirkung von Referenzzinssatzmanipulationen

4.3.1. Konzeptionelle Vorüberlegung

Das Ziel der nächsten Gliederungspunkte ist die Beantwortung der ersten Forschungsfrage nach den Auswirkungen der Manipulation des Referenzzinssatzes LIBOR für Einzelpersonen. Die Literatur deutet die Konsequenzen für Privatpersonen lediglich an, oder beziffert diese – bezogen auf einzelne Individuen – auf Cent Beträge.[117] Daher bildet der Personenkreis privater Investoren und Kreditnehmer den Ausgangspunkt der folgenden Analyse. Abbildung 10 beziffert das vom LIBOR abhängige Finanzvolumen auf 300 Billionen US Dollar. Davon entfallen circa 290 Billionen US Dollar – und somit der Großteil des Marktvolumens – auf den Handel mit Derivaten.

Instrument/Application	Estimated value of contracts with LIBOR as benchmark
Syndicated Loans	~$10 trillion[a]
Floating Rate Notes	~$3 trillion[b]
Interest Rate Swaps	$165[c] – $230 trillion[d]
Exchange-traded Interest Rate Futures and Options	$30 trillion[d]
Forward Rate Agreements	$25[d] – $30 trillion[e]
Total	~$300 trillion

Note: Assumption that 50 per cent of contracts reference LIBOR; this list is not exhaustive.

Sources: (a) Oliver Wyman; (b) Dealogic; (c) DTCC; (d) Bank for International Settlements; (e) Trioptima

Abbildung 10 Verwendung des LIBOR differenziert nach Finanzinstrumenten
Quelle: The Wheatley Review of LIBOR final report[118]; Anmerkung: Die Größe „trillion" der obigen Grafik stellt im europäischen Wertesystem eine Billion dar

---

[117] Vgl. o.V. (2012c), S. 3
[118] Wheatley (2012), S. 76

Da diese Finanzinstrumente für den durchschnittlichen Privaten jedoch eine untergeordnete Rolle spielen, erfolgt die Analyse der Manipulationsauswirkungen auf Basis einer zinsvariablen Anleihe sowie eines zinsvariablen Darlehens. Je nach Quelle schätzt man den Umfang der Manipulation auf 20 bis 40 Basispunkte.[119] Letztere Zahl bildet die Grundlage des unterstellten Manipulationsumfangs in den nachfolgenden Szenarien. Im Zusammenhang mit dem Ausmaß der Manipulation lässt sich keine einheitliche Wirkungsrichtung feststellen. Zwar wurde im Rahmen des Credit-Signalings die Benchmark bewusst in Richtung geringerer Zinssätze manipuliert (Vgl. 3.2.2.), jedoch zeigen die bereits erwähnten E-Mail Auszüge zwischen den Händlern ein uneinheitliches Bild auf. (Vgl. 4.2.2.)

Daher erfolgt in der Analyse eine Betrachtung beider Richtungen. Um die Auswirkung der Manipulation in den Szenarien in absoluten Werten greifbar darzustellen, findet eine getrennte Betrachtung der beiden Wirkungsrichtungen statt. Diese Vorgehensweise ist zwar kontrafaktisch, d.h. in der Realität nicht haltbar, jedoch zur Veranschaulichung möglicher Volumina Manipulationseffekts unerlässlich und somit vertretbar. Folglich bilden zwei Szenarien die Grundlage der Analyse für beide Finanzinstrumente. Zum Vergleich der Auswirkungen dient ein exemplarisches Ausgangsszenario. Es wird unterstellt, dass die in diesem Szenario verwendeten LIBOR-Sätze nicht manipuliert wurden.

4.3.2. Zinsvariable Anleihe – Betrachtung von Szenarien

Ausgehend von den Cash-Flow-Strömen, der in Anlage 1 vorgestellten Anleihe, erfolgt in diesem Gliederungspunkt die Betrachtung der vordefinierten Szenarien. Vor der Erläuterung der Bewertungsmethode werden zunächst grundlegenden Annahmen auf Ebene der Anleihe definiert. Die Auswirkungen steuerlicher Aspekte spielen für die Aussagekraft der Analyse keine Rolle und werden daher nicht berücksichtigt. Der beispielhaft zu Grund gelegte Investitionsbetrag umfasst 100.000 Pfund Sterling. Die Anteile der Schuldverschreibung werden zu pari (bei Emission) erworben und über die komplette Laufzeit gehalten. Der Bewertungszeitraum der Anleihe umfasst die Laufzeit vom 21.03.2012 bis zum 21.03.2016. Noch nicht erhaltene Kuponzah-

---

[119] Vgl. Fernandez (2012), S. 6; Vgl. Bastian et. al. (2012); Vgl. Hajek (2012)

ungen (Stand April 2014) werden auf Basis der letzten Ausschüttung bis zum Ende der Anleihe fortgeschrieben.[120]

Zur Darstellung der Manipulationsauswirkungen wird der Kapitalwert der zinsvariablen Anleihe berechnet. Grundlage dieser Vorgehensweise (Kapitalwertmethode) ist die Diskontierung von Cash Flows mittels eines Diskontierungssatzes (hurdle rate). Im betriebswirtschaftlichen Kontext dient diese Methode der Beurteilung von Investitionsprojekten.[121] In den folgenden Szenarien bilden die durchschnittlichen Renditen von britischen Anleihen mit einer Restlaufzeit von drei Monaten den Diskontsatz. Deren Rendite beläuft sich auf 0,38 Prozent per annum.[122] Dieser Zinssatz repräsentiert die Alternativrendite (im Sinne eines Opportunitätskostensatzes) für den Anleger. Da die Kuponzahlungen der zinsvariablen Anleihe auf dem 3-Monats-Libor basieren, wurde bewusst eine Vergleichsanlage mit äquivalenter Fristigkeit gewählt. Eine Anpassung der hurdle rate an die jeweiligen Marktbedingungen zum Zeitpunkt der vergangenen Kupontermine findet nicht statt.

Unter den in diesem Abschnitt beschriebenen Annahmen ergibt sich im ersten Szenario ein Kapitalwert von 3480,83 Pfund Sterling. Dieser Wert bildet die Basis zum Vergleich der Manipulationsauswirkungen. Im Fall einer Beeinflussung des Referenzzinssatzes LIBOR um 40 Basispunkte nach oben ergibt ein Kapitalwert von 5069,08 Pfund Sterling. Somit resultiert im zweiten Szenario aus der Manipulation des Referenzzinssatzes ein positiver Effekt für den Investor. In der dritten Betrachtung wird der LIBOR um 40 Basispunkte nach unten manipuliert. Dadurch sinkt der Kapitalwert der Anlage auf 1892,58 Pfund Sterling.

In beiden Manipulationsbetrachtungen (Szenarien 2 und 3) ergibt sich durch die Beeinflussung des Referenzzinssatzes ein Unterschiedsbetrag zum Ursprungskapitalwert in Höhe von ±1588,25 Pfund Sterling. Eine Beeinflussung des LIBOR um ±40 Basispunkte führt im Fall der dargestellten zinsvariablen Anleihe zu einer Veränderung des Kapitalwerts um ca. ±45,63 Prozent. (Anlage 2)

---

[120] In der Anlage 2 sind noch nicht erfolgte Kuponzahlungen dunkelgrau hervorgehoben

[121] Vgl. Wöhe / Döring (2010), S. 541

[122] Vgl. o.V. (2014n)

4.3.3. Zinsvariables Darlehen – Betrachtung von Szenarien

Grundlage der folgenden Szenarien bilden die Annahmen aus den konzeptionellen Vorüberlegungen. (Vgl. 4.3.1.) Darüber hinaus wird von einer vollen Besicherung sowie vertragsgemäßen Rückführung des Darlehens ausgegangen. Analog dem Vorgehen bei der variablen Anleihe werden Zinszahlungen vor April 2014 auf Basis realer LIBOR Daten ermittelt. (Vgl. 4.3.2.) Zur Zinsbestimmung nach diesem Zeitpunkt wird der zuletzt verwendete Zinssatz für die Restlaufzeit des Kredits fortgeschrieben. Die Rückführung des Kredits wird anhand der in Anlage 4 enthaltenen Tilgungstabellen verdeutlicht. Vergleichsgrundlage der Manipulationsauswirkungen bildet die Zinsbelastung des Kreditnehmers aus dem ersten Szenario in Höhe von 5097,08 Euro. In dieser Betrachtung ist der Referenzzinssatz nicht manipuliert. Unterstellt man im zweiten Szenario eine Beeinflussung der LIBOR um 40 Basispunkte nach oben, ergibt sich über die Laufzeit des Darlehens eine Summe von 5937,08 Euro an gezahlten Zinsen. Für den Kreditnehmer führt die Manipulation des Referenzzinssatzes somit über fünf Jahre zu einem Mehraufwand von 840 Euro. Im dritten Szenario wirkt sich eine Beeinflussung des LIBOR um 40 Basispunkte nach unten in einer Zinsbelastung von 4257,08 Euro aus. In diesem Fall „spart" der Darlehensnehmer 840 Euro bei der Rückzahlung des Darlehensbetrags. Eine Manipulation des LIBOR um ±40 Basispunkte führt somit zu einer Veränderung der Zinsbelastung um ±16,46 Prozent.

Im Vergleich zur Anleihe fallen die Auswirkungen der Manipulation im Fall des Darlehens geringer aus. (Vgl. 4.3.2.) Dieser Effekt resultiert aus den unterschiedlichen Zinsbedingungen der Anlage und des Kredites. Die fixe Zinskomponente der variablen Anleihe ist mit 67 Basispunkten im Vergleich zum variablen Darlehen mit 220 Basispunkten relativ gering. (Vgl. Anlage 1 und 3) Dadurch sind die Kuponzahlungen der Anleihe für eine Manipulation des LIBOR empfindlicher als die Zinsbelastungen des Kreditnehmers. Die höhere LIBOR-Sensitivität der zinsvariablen Anleihe führt somit zu den stärkeren Auswirkungen der Manipulation.

4.3.4. Ableitung gesamtwirtschaftlicher Schäden

Nach der Darstellung der Manipulationsauswirkungen auf Ebene eines einzelnen Investors bzw. Kreditnehmers wird in diesem Gliederungspunkt auf die gesamtwirtschaftlichen Folgen/Schäden eingegangen. Grundsätzlich können diese in zwei

Bereiche unterteilt werden. Zum einen resultieren aus der Manipulation des Referenzzinssatzes monetäre Schäden für einzelne Marktteilnehmer. Zum anderen schadet die Beeinflussung des LIBOR nachhaltig dem Vertrauen in die Funktionsfähigkeit des Finanzmarktes. [123] Der monetäre Schaden ist zwar schwer exakt zu beziffern. Jedoch beeindruckt bereits eine grobe Plausibilisierung und zeigt die Relevanz der Größenordnungen, um die es hierbei geht. Angenommen man unterstellt eine Manipulation des LIBOR um 40 Basispunkte, ergibt sich bei einem abhängigen Finanzvolumen von 600 Billionen US-Dollar ein Betrag von 2,4 Billionen US-Dollar innerhalb eines Jahres. (Vgl. 1.1 und 4.3.1.) Da jeder Finanztransaktion mindestens zwei Vertragsparteien zugrunde liegen, entsteht im Rahmen der Manipulation nur einer Seite ein finanzieller Schaden von 2,4 Billionen US-Dollar. Für die zweite Partei ergibt sich aus der Beeinflussung des Referenzzinssatzes ein finanzieller Vorteil von 2.4 Billionen US-Dollar. Diese Volumina sind jedoch zeitlich instabil. Sie setzten sowohl ein konstantes Finanzvolumen, als auch ein stabiles Manipulationsausmaß (40 Basispunkte) voraus. Diese Annahmen sind also weder exakt noch belastbar, verdeutlichen jedoch das ungefähre Ausmaß des möglichen monetären Schadens.

In einer weiteren Plausibilisierungsbetrachtung kann der Betrachtungszeitraum auf vier Jahre erweitert werden.[124] Dadurch erhöht sich der Betrag auf 9,6 Billionen US-Dollar. Bei der Interpretation dieses Ergebnisses muss – neben den bereits erwähnten Annahmen – das unterstellte Manipulationsausmaß in Höhe von 40 Basispunkten beachtet werden. Dieses bildet das Maximum der in der Literatur vorgefundenen Schätzungen für das Manipulationsausmaß. (Vgl. 4.3.1.)

Den Finanzmarktteilnehmern entstandene finanzielle Nachteile bilden dabei nur einen Teil des gesamtwirtschaftlichen Schadens. Weitaus schwerwiegender sind die nicht-monetären Schäden durch die Manipulation des LIBOR. Neben dem Vertrauensverlust der Marktteilnehmer in die Verlässlichkeit von Referenzzinssätzen wird die Integrität und Regulierung des gesamten Finanzsektors in Frage gestellt.[125] Nach dem Platzen der Dotcom-Blase (Jahr 2000), sowie der sogenannten Subprime-Krise

---

[123] Vgl. Dombret (2012)

[124] Zeitraum der Manipulation von 2005 bis 2009 (Vgl. 1.1.)

[125] Vgl. Klein (2012), S. 504–505

(Jahr 2008), reiht sich die LIBOR Manipulation in eine Reihe von Ereignissen ein, die nachhaltig an der Lernfähigkeit einzelner Finanzmarktteilnehmer[126] zweifeln lässt.[127] Stückweiser Auslöser der Subrime-Krise war der enorme Trend zur Verbriefung von Immobilienkrediten in marktfähige, forderungsbesicherte Wertpapiere (ABS,CDO). Diese ermöglichten es Finanzinstituten, Risiken aus Krediten mit zweifelhafter Bonität, auf den Kapitalmarkt zu übertragen. Nach den erheblichen Kurseinbrüchen auf den Märkten für forderungsbesicherte Wertpapiere (ab Juli 2007) geriet diese Anlageklasse bei Investoren zunehmend in Verruf.[128]

---

[126] Unter diesen Begriff versteht der Autor alle Individuen und Institutionen, die in der Vergangenheit direkt oder indirekt in „Skandale" der Finanzindustrie verwickelt waren

[127] Vgl. Papendick (2012), S. 14

[128] Vgl. Bartmann et. al. (2009), S. 139–142

5. Handlungsbedarf/ Vorgeschlagene Maßnahmen

5.1. Konzeptionelle Vorüberlegung

Im nächsten Kapitel wird die zweite Forschungsfrage nach dem, aus der Manipulation des LIBOR abgeleiteten, Handlungsbedarf beantwortet. Unter den zahlreichen Vorschlägen zur Reformierung des Referenzzinssatzes sind zwei Ansätze zu erkennen. Die im Gliederungspunkt 5.2 empfohlenen Maßnahmen zielen auf eine Verbesserung des Systems zur Ermittlung und Überwachung des LIBOR ab. Das Bestreben ist die Stärkung der Integrität, Robustheit und Verlässlichkeit der Benchmark. Eine weitere Idee ist die Konstruktion und Etablierung alternativer Referenzzinssätze. (Vgl. 5.3.) Dabei stehen die beiden Ansätze keineswegs in einem Konflikt zueinander. Die optimale Lösung bildet eine Kombination beider Ansätze in einem zweistufigen Konzept.[129] Im ersten Schritt hat die Reformierung des bestehenden Systems zur Ermittlung des LIBOR Priorität. Aufgrund fehlender Alternativen sind die Marktteilnehmer auf die Verlässlichkeit des Referenzzinssatzes angewiesen. Zur Reduzierung der Abhängigkeit von einer einzigen Benchmark wird in einem zweiten, langfristigen Schritt die Entwicklung neuer Referenzzinsätze empfohlen. Neben der Erstellung müssen diese erfolgreich in das Finanzsystem integriert werden. Die Aufnahme in die ISDA Vereinbarung für Termingeschäfte, sowie die Implementierung in die verschiedenen Rechnungslegungssysteme, bildet dabei einen Teilaspekt der Etablierung. Da der zweite Schritt wesentlich mehr Zeit benötigt, wird eine parallele Umsetzung der beiden Vorgehensweisen empfohlen. Andere Autoren teilen den Gedanken des Wheatley Report zur Reformierung des Systems der Referenzzinsätze in einem zweistufigen Ansatz.[130]

Ausgehend vom Grundgedanken der Prinzipal-Agent-Theorie orientieren sich die Reformierungsvorschläge an den Möglichkeiten zur Lösung eines Agenturproblems. (Vgl. 3.2.) Die Verbesserung des bestehenden LIBOR Systems durch eine strengere

---

[129] Vgl. Wheatley (2012), S. 43–44; Die Inhalte des fünften Gliederungspunktes orientieren sich stark an den Erkenntnisse aus dem Wheatley Report. Dieser bildet die Primärquelle für eine Vielzahl von Autoren.(Vgl. Tabb / Grundfest (2013), S. 7; Vgl. Brousseau et. al. (2013), S. 3; Vgl. Duffie et. al. (2013), S. 1) Neben dem Wheatley Report gibt es keine weitere Quelle, die den Handlungsbedarf aus der LIBOR Manipulation im gleichem Umfang darstellt

[130] Vgl. Hiroshi (2013), S. 13–14

Überwachung der Prozesse und die Definition von Verhaltensrichtlinien (Vgl. 5.2.1.2. und 5.2.2.) stellt den theoretischen Problemlösungsansatz einer Agency-Beziehung durch die Vorgabe von Normen dar. Die angestrebte Etablierung von neuen Benchmarks hat eine Förderung des Wettbewerbs im Markt für Referenzzinssätze zum Ziel. Diese Maßnahme bildet somit einen marktorientierten Lösungsansatz eines Agency-Problems. (Vgl. 3.2. und 5.3.1.)

5.2. Stärkung/ Verbesserung des bestehenden „LIBOR-Konzepts"

5.2.1. Grundlegende Anpassungen

5.2.1.1. Datenerhebung und Berechnungsmethode

Dieser Gliederungspunkt greift die Schwachstellen innerhalb der Datenerhebung und Berechnung des LIBOR auf. (Vgl. 4.2.1.) Der erste Reformierungsvorschlag knüpft an die Quote-Basierung des Referenzzinssatzes an. (Vgl. 2.1.1.) Zukünftig (Stand Januar 2012) soll der LIBOR einen höheren Bezug zu tatsächlichen Transaktionen im Interbankenmarkt haben. Im Vergleich zur Quote-Basierung mindert dies den Spielraum für Manipulationen seitens der Panel Banken. Die Umstellung der Berechnungsgrundlage des LIBOR auf Transaktionsdaten birgt in illiquiden Marktphasen jedoch eine erhebliche Gefahr. Aufgrund fehlender bzw. nicht repräsentativer Transaktionen[131] kann kein verlässlicher Wert für den Referenzzinssatz ermittelt werden.[132] Um dennoch eine Kalkulation des LIBOR zu gewährleisten, wird ein hybrides System zur Datenermittlung vorgeschlagen. Hierbei berechnet sich der Referenzzinssatz grundlegend auf Transaktionsdaten. In Stressphasen des Marktes besteht jedoch die Möglichkeit auf „Experten Einschätzungen" („expert judgement") zurückzugreifen. Letzteres darf nur in Ausnahmefällen und unter Einhaltung fest definierter Richtlinien stattfinden. Diese duale Form der Datenerhebung wird auch als „Waterfall-Approach"[133] bzw. „Fallback-Solution"[134] bezeichnet.

Ein weiteres Problem des Referenzzinssatzes ist die rückläufige Beteiligung der Panel Banken an der LIBOR Ermittlung. Hintergrund ist der Trend zu Transaktionen

---

[131] Sind Transaktionen, die aufgrund von Marktturbulenzen hohe Risikoprämien (Vgl. 2.1.1.) aufweisen

[132] Vgl. Kobayashi (2012), S. 2; Vgl. Brousseau et. al. (2013), S. 14

[133] Vgl. Hiroshi (2013), S. 27–28

[134] Vgl. Kobayashi (2012), S. 15–16

am besicherten Interbankenmarkt. (Vgl. 4.2.1.) Durch die geringe Beteiligung der Finanzinstitute sinkt die Berechnungsgrundlage des Referenzzinssatzes. In diesem Zusammenhang gibt es Vorschläge, die Datenbasis der LIBOR-Kalkulation zu erweitern. Neben Transaktionen im besicherten Interbankenmarkt können auch Daten anderer kurzfristiger Refinanzierungsinstrumente, wie beispielsweise Repo-Geschäften[135], zur Ermittlung des Referenzzinssatzes herangezogen werden. Der dadurch entstehende Daten-Pool hat zwei Vorteile: Zum einen eine geringe Manipulationsanfälligkeit und zum anderen eine große Berechnungsgrundlage. [136] Der Vorschlag zur Ausweitung der Datenbasis deckt sich mit den Empfehlungen der ESMA/ EBA für die Erstellung verlässlicher Benchmarks im Finanzbereich.[137]

Einen weiteren Reformierungsvorschlag bildet die Beschränkung der LIBOR-Ermittlung auf die am stärksten frequentierten Laufzeiten und Währungen.[138] Der Wheatley Report skizziert in diesem Kontext eine detaillierte Empfehlung. Im Ergebnis soll der LIBOR nur noch für die Währungen US-Dollar, Euro, Britisches Pfund, Japanischer Yen und den Schweizer Franken in den Laufzeiten 1 Monat, 3 Monate, 6 Monate und 12 Monate erstellt werden. Somit reduziert sich die Anzahl täglich veröffentlichter Zinssätze von 150 auf 20.[139] Abbildung 11 verdeutlicht die geringe Nutzung einzelner Zinssätze differenziert nach Währungen und Laufzeiten.

---

[135] Repo-Geschäfte (Rückkaufvereinbarungen) bezeichnen eine Form der Fremdmittelbeschaffung, die durch die Übertragung von Wertpapieren besichert ist. Vgl. Hull (2009), S. 110–111

[136] Vgl. Brousseau et. al. (2013), S. 17–18

[137] Vgl. ESMA / EBA (2013a), S. 27

[138] Vgl. European Commission (2012), S. 11–12

[139] Vgl. Wheatley (2012), S. 37

	1m	3m	6m	12m	Total
USD	5.6%	52.8%	0.3%	0.1%	59%
EUR	-	-	0.1%	-	0%
GBP	0.4%	2.9%	8.9%	-	12%
JPY	0.1%	3.6%	23.5%	-	27%
CHF	0.1%	0.4%	1.6%	-	2%
AUD	-	-	-	-	0%
CAD	-	-	-	-	0%
NZD	-	-	-	-	0%
SEK	-	-	-	-	0%
DKK	-	-	-	-	0%
Total	6%	60%	34%	0%	100%

Abbildung 11 Die Verwendung des LIBOR als Referenzzinssatz
Quelle: The Wheatley Review of LIBOR final report [140]

Neben der Datengrundlage des LIBOR stellt die Außenwirkung des Referenzzinssatzes, in Form des Credit Signaling, ein weiteres Problem dar. Ursache dieses Effekts ist die Veröffentlichung der gemeldeten Zinssätze der Panel Banken. (Vgl. 3.3.2.) Eine Verzögerung der Publizierung dieser Daten um 3 Monate schränkt die Signalwirkung des Referenzzinssatzes erheblich ein.[141] In Verbindung mit dem Stigma-Effekt fordern einige Stimmen die Rückkehr zur Definition des LIBOR vor dem Jahr 1998.[142] (Vgl. 2.1.1.) Nach Auffassung des Wheatley Report ist dies jedoch keine Alternative. Die ursprüngliche Fragestellung der LIBOR Ermittlung bietet zu viel Spielraum für Interpretationen. Beispielsweise besteht keine einheitliche Definition einer „Prime Bank". (Vgl. 2.1.1.) Jedes Finanzinstitut kann diesen Begriff unterschiedlich auslegen, wodurch die Zinsmeldungen der Banken auf verschiedenen Grundlagen basieren.[143] Im Ergebnis schwächt dies die Aussagekraft des LIBOR.

Die in diesem Gliederungspunkt angeführten Handlungsempfehlungen sind keineswegs als abschließend anzusehen. Vielmehr bilden sie die Basis der geforderten Reformierung. Darüber hinaus existieren weitere Vorschläge zur Verbesserung des LIBOR-Systems. Beispielsweise beschreiben die Autoren Duffie/ Skeie/ Vickery die Anwendung eines „Window-Sampling" Verfahrens als alternative Berechnungsme-

---

[140] Vgl. Wheatley (2012), S. 36

[141] Vgl. Wheatley (2012), S. 35

[142] Vgl. Thießen (2013b), S. 6

[143] Vgl. Wheatley (2012), S. 61

thode für den Referenzzinssatz. Basis dieser Methode bilden die Daten von Transaktionen der Finanzinstitute am Interbankenmarkt. Im Gegensatz zu dem in Punkt 2.1.1. beschriebenen Verfahren wird im Rahmen der „Window-Sampling" Methode der Referenzzinssatz mit Hilfe des Mittelwerts aller Daten über einem bestimmten Zeitraum („Sample-Window") errechnet. Die Autoren untersuchen, inwiefern die Anwendung dieser Methode – unter Berücksichtigung verschiedener Zeitfenster – einen Mehrwert gegenüber einer getrimmten Mittelwertbetrachtung erbringt.[144]

5.2.1.2. LIBOR-Banken-Panel

Die in diesem Abschnitt vorgeschlagenen Handlungsmaßnahmen leiten sich aus den Schwachstellen des LIBOR Banken-Panels ab. Es erfolgt eine Differenzierung der verschiedenen Vorschläge anlog der dargestellten Probleme aus dem Gliederungspunkt 4.2.2. Im Zusammenhang mit der niedrigen Panel-Größe sowie der sinkenden Beteiligung der Finanzinstitute an der LIBOR Kalkulation existieren zwei unterschiedliche Reformierungsvorschläge. Der erste empfiehlt eine Erhöhung der Anzahl an Finanzinstituten im Banken-Panel.[145] Eine Ausweitung des Panels führt jedoch nicht zwangsläufig zu einer besseren Berechnungsgrundlage des LIBOR. Ausschlaggebend ist eine hohe Handelsaktivität der hinzugefügten Institute im Interbankenmarkt. Nur so können diese repräsentative Daten zur Ermittlung des Referenzzinssatzes beisteuern.[146] Der zweite Vorschlag empfiehlt eine Verpflichtung der Banken zur Datenübermittlung.[147] Allerdings stellt sich hierbei die Frage, wie aussagekräftig „erzwungene" Zinsmeldungen in der Kalkulation des Referenzzinssatzes sind. Es existieren legitime Gründe, weshalb Banken in bestimmten Situationen keine Daten zur LIBOR Ermittlung melden. Denkbar sind beispielsweise fehlende Handelsaktivitäten in bestimmten Laufzeiten und Währungen. (Vgl. 4.2.2.)

Ein weiterer Teil der Reformierungsvorschläge geht auf die Schwachstellen im Bereich der Panel Banken bzw. der BBA ein. (Vgl. 4.2.2.) Die Kontrollmechanismen der BBA konnten eine Manipulation des LIBOR nicht verhindern. Daher wird die Übertragung der Verantwortung zur Erstellung des Referenzzinssatzes auf eine

---

[144] Vgl Duffie et. al. (2013), S. 1–3

[145] Vgl. o.V. (2012a), S. 1; Vgl. Dombret (2012)

[146] Vgl. Gyntelberg / Wooldridge (2008), S. 64

[147] Vgl. European Commission (2013a), S. 4–5

andere Institution gefordert.[148] Es stellt sich die Frage, ob die Organisation privatwirtschaftlichen oder öffentlichen Ursprungs sein soll. In einem Bericht der Europäischen Kommission zur Regulierung von Indizes wird diese Fragestellung ausführlich diskutiert. Die Erstellung einer Benchmark durch eine öffentliche Körperschaft hat – gegenüber einer privatwirtschaftlichen Organisation – den Vorteil, weniger anfällig für Interessenskonflikte zu sein. Gegen eine Administration durch die öffentliche Hand sprechen die Unterbindung des Wettbewerbs sowie der – im Vergleich zu einer privatwirtschaftlichen Organisation – eingeschränkte Druck zu Innovationen. Daher empfiehlt die Europäische Kommission, ein privatrechtliches Unternehmen mit der Erstellung einer Benchmark zu beauftragen. Gleichzeitig übernimmt eine öffentliche Stelle die externe Aufsicht über den Referenzzinssatz.[149] Diese Empfehlungen sind deckungsgleich mit den Maßnahmen, die vom Wheatley Report im gleichen Kontext für den Referenzzinssatz LIBOR empfohlen werden. Der Umfang der externen Aufsicht wird im nachfolgenden Gliederungspunkt dargestellt. (Vgl. 5.2.2.)

Darüber hinaus besteht das Ziel, die Aufsicht innerhalb des LIBOR-Systems zu stärken. (Vgl. 2.1.4.) In diesem Zusammenhang wird die Implementierung eines Verhaltenskodexes, für alle am Erstellungsprozess des Referenzzinssatzes beteiligten Institute, gefordert. (Vgl. 4.2.2.) Dieser Kodex umfasst eine Vielzahl von Punkten, die angesichts des begrenzten Rahmens dieser Untersuchung nicht abschließend aufgeführt werden. Es erfolgt eine Betrachtung der Aspekte, die auf eine Stärkung der Compliance Strukturen bzw. auf eine Verbesserung der Dokumentation der Datenerhebung abzielen. Letzteres soll durch die Verpflichtung der Panel Banken zur Aufzeichnung aller Interbankentransaktionen sowie relevanter Daten zur Ermittlung der gemeldeten Zinssätze verwirklicht werden. Diese Informationen müssen bei Bedarf einer externen Aufsichtsbehörde (Vgl. 5.2.2.) zur Verfügung gestellt werden.

Im Rahmen der Stärkung der Compliance Strukturen wird die Einführung von Kommunikationskontrollen vorgeschlagen. Hierdurch soll der Informationsaustausch von gemeldeten Zinssätzen zwischen einzelnen Abteilungen eines Finanzinstitutes, sowie unter den Panel Banken verhindert werden. Darüber hinaus wird die Benennung von einzelnen Personen, die für die ordnungsgemäße Erstellung des LIBOR

---

[148] Vgl. Wheatley (2012), S. 21

[149] Vgl. European Commission (2013b), S. 39–42

verantwortlich sind, gefordert.[150] Diese Handlungsempfehlung bildet die Vorausset-zung einer persönlichen Haftbarkeit für Fehlverhalten im Kalkulationsprozess des Referenzzinssatzes. (Vgl. 5.2.2.)

5.2.2. Externe Aufsicht und Regulierung

Eine weitere Schwachstelle des LIBOR ist die fehlende externe Aufsicht. (Vgl. 4.2.2.) Aufgrund des breiten Anwendungsbereichs (Vgl. 2.1.3.) können Referenzzinssätze als öffentliches Gut angesehen werden.[151] Unter diesem Aspekt ist es schwer verständlich, dass die Erhebung des LIBOR bisher (Stand Januar 2012) nicht reguliert wurde. Um künftig eine Manipulation des LIBOR zu verhindern, besteht der Vorschlag, die Kalkulation des Referenzzinssatzes durch die FSA[152] zu beaufsichti-gen. Dadurch erlangt die britische Finanzmarktaufsichtsbehörde einen direkt Einfluss auf den Erhebungsprozess des LIBOR. Die FSA kann in folgenden Punkten aktiv werden:

- Erstellung und Umsetzung von Vorschriften im Zusammenhang mit der Ermitt-lung des LIBOR auf Ebene der Panel Banken (z.B.: Implementierung von Kon-trollmechanismen in den Finanzinstituten)
- Fortlaufende Aufsicht über die Kontrollsysteme, Ermittlungsverfahren sowie Personen/ Institute, die in den Erhebungsprozess des LIBOR involviert sind
- Ahndung von Fehlverhalten durch das Erheben von Strafen[153]

Der letzte Punkt bezieht sich nicht ausschließlich auf die beteiligten Finanzinstitute. Ebenso sollen Einzelpersonen, die den regulatorischen Anforderungen im Erstel-lungsprozess des Referenzzinssatzes zuwider handeln, bestraft werden.[154] (Vgl. 5.2.1.2.) In einem weiteren Reformierungsvorschlag wird der Umfang der externen Aufsicht beschrieben. Dieser deckt die Datenerhebung, Kalkulation sowie die Veröf-fentlichung des Referenzzinssatzes ab.[155] Darüber hinaus besteht der Gedanke,

---

[150] Vgl. Wheatley (2012), S. 30–33

[151] Vgl. Nagel / Hartkopf (2013), S. 4

[152] Die Financial Services Authority (kurz FSA) ist die britische Finanzmarktaufsichtsbehörde (Stand Januar 2012)

[153] Vgl. Wheatley (2012), S. 12

[154] Vgl. Wheatley (2012), S. 15

[155] Vgl. Wheatley (2012), S. 13

neben einer nationalen Aufsicht (z.B.: FSA), die Erstellung von Referenzzinssätzen auf europäischer Ebene zu überwachen.[156]

5.3. Konstruktion und Etablierung alternativer Referenzzinssätze

5.3.1. Erfordernis neuer/ alternativer Referenzzinssätze

Abgeleitet aus dem zweistufigen Ansatz zur Reformierung des Marktes für Referenzzinssätze wird die Etablierung neuer Benchmarks gefordert. (Vgl. 5.1.) Mit dieser Maßnahme werden zwei Ziele verfolgt:

1. Verlässliche Kalkulation von Referenzzinssätzen
2. Steigerung des individuellen Nutzens der Marktteilnehmer

Durch ein steigendes Angebot im Markt von Referenzzinssätzen kommt der Nachfrage der Nutzer eine Steuerungsfunktion zu. Die Marktteilnehmer haben die Möglichkeit, bei einem Manipulationsverdacht auf andere Benchmarks auszuweichen. Dies erhöht den Druck auf die Angebotsseite, Referenzzinssätze verlässlich zu kalkulieren. Neben der zuverlässigen Erstellung wird mit dem Ausbau des Angebots ein weiteres Ziel verfolgt. *„Häufig werden in Märkten Benchmarks nicht wegen ihrer Eignung verwendet, sondern einfach, weil eine bestimmte Benchmark aufgrund von Verbundeffekten zur etablierten Maßeinheit geworden ist."*[157] Durch die Etablierung neuer Referenzzinssätze kann dieses Problem behoben werden. So sind Marktteilnehmer, die eine Benchmark ohne Kontrahenten Risiko suchen, nicht mehr „gezwungen" – aufgrund fehlender Alternativen – auf den LIBOR auszuweichen.[158] Somit steigt der individuelle Nutzen der Marktteilnehmer.

5.3.2. Hemmnisse bei der Einführung neuer/ alternativer Zinssätze

Die meisten Quellen beschäftigen sich mit den Problemen, die aus einer Übertragung des LIBOR auf eine neue Benchmark entstehen. In diesem Abschnitt werden jedoch die Hemmnisse bei der Implementierung neuer bzw. der Stärkung bestehender Benchmarks – parallel zur Verbesserung des LIBOR-Systems – betrachtet. Daraus ergeben sich Hemmnisse in den folgenden Bereichen:

---

[156] Vgl. ESMA / EBA (2013b), S. 30

[157] European Commission (2013a), S. 2

[158] Vgl. Wheatley (2012), S. 44

1. Integration der Referenzzinssätze in den Finanzmarkt

2. Begrenzte Anwendungsmöglichkeit bestehender Referenzzinssätze

Eine Verwendung von einer anderen Benchmark als dem LIBOR birgt Probleme im Rahmen von standardisierten Verträgen (z.B.: OTC-Derivate). Bestehende Alternativen zum LIBOR sind vergleichsweise wenig etabliert. Es ist fraglich, ob die Nutzer von Referenzzinssätzen bereit sind, zu Gunsten einer höheren Marktvielfalt, auf eine teilweise Standardisierung von Finanzprodukten zu verzichten. Ein weiteres Hemmnis sind die Kosten, die aus der Verwendung von neuen Benchmarks entstehen. Können Investoren/ Kreditnehmer bei einem Finanzprodukt zwischen einer Vielzahl von Referenzzinssätzen wählen, konfrontiert dies Finanzinstitute mit einem erheblichen Mehraufwand.[159] Es ist anzunehmen, dass diese Kosten zumindest teilweise auf den Kunden überwälzt werden. Darüber hinaus bildet die fehlende Integration neuer Benchmarks in die verschiedenen Rechnungslegungssysteme ein weiteres Hemmnis. (Vgl. 5.1) Beispielsweise können im Rahmen des Hedge Accounting[160] nach US-GAAP[161] lediglich LIBOR-Sätze und US-Treasury-Rates[162] als Zinssatz verwendet werden.[163]

Neben den Problemen im Bereich der Integration von Benchmarks in das Finanzsystem stellen die begrenzten Anwendungsmöglichkeiten bestehender Referenzzinssätze ein Problem dar. Zwar können Marktteilnehmer im Bereich kurzer Laufzeit auf Instrumente wie Overnight Index Swaps (OISs) ausweichen, jedoch existieren für längere Fristigkeiten keine Alternativen zum LIBOR. (Vgl. 5.3.4.)

5.3.3. Anforderungen an die Gestaltung alternativer Referenzzinssätze

Durch die Manipulation des LIBOR stellt sich die Frage, wie neue, nicht manipulierbare Referenzzinssätze künftig (Stand Januar 2012) gestaltet sein müssen. Die in der Literatur beschriebenen Merkmale eines verlässlichen Referenzzinssatzes orientieren sich stark an den bereits dargestellten Reformierungsvorschlägen des

---

[159] Vgl. Hiroshi (2013), S. 9–10

[160] „Hedge Accounting, bezeichnet die bilanzielle Erfassung von Sicherungs- und abzusicherndem Grundgeschäft (→ Hedging)" Gerke (2002), S. 396

[161] US-amerikanische Vorschriften zur Rechnungslegung

[162] Rendite amerikanischer Staatsanleihen

[163] Vgl. Hiroshi (2013), S. 28

LIBOR-Systems. (Vgl. 5.2.) Im Folgenden werden diese Eigenschaften aufgezählt, jedoch nicht näher erläutert:

1. Der Referenzzinssatz ist repräsentativ für den Markt, den er abbildet
2. Der Datenerhebungsprozess ist transparent und durch klare Regeln definiert; Für Stressphasen des Marktes bestehen Ausweichmöglichkeiten in Form von „Fallback Solutions"
3. Die Zinssätze sind für alle Marktteilnehmer gleichzeitig und frei zugänglich
4. Die Erstellung sowie die Veröffentlichung des Referenzzinssatz fallen unter regulierte Marktaktivitäten und werden entsprechend beaufsichtigt[164]

Die Organisationen ESMA/EBA gehen in ihrem Bericht noch einen Schritt weiter. Sie definieren genaue Verhaltensrichtlinien für die einzelnen Institutionen (z.B.: der Administrator oder der Kalkulationsagent einer Benchmark), die an der Erstellung einer Benchmark beteiligt sind. Diese Richtlinien beschreiben, neben den Aufgaben der Institutionen, wie Aufsicht und Transparenz auf der Ebene der jeweiligen Organisation umzusetzen sind.[165]

5.3.4. Overnight index swap (OIS)

In der Literatur werden Overnight Index Swaps (OISs) als bestehende Alternative zum LIBOR genannt. Dennoch besteht zwischen LIBOR und OISs ein grundlegender Unterschied. Dieser resultiert aus der unterschiedlichen Konstruktion der beiden Benchmarks. OISs sind eine spezielle Form von Zinsswaps. Die allgemeine Funktionsweise eines Zinsswaps wurde in Punkt 2.1.3 erläutert. Im Fall der OISs bildet eine Overnight Index Rate (OIR) die Grundlage der variablen Zinszahlungen des Swaps. OIRs, wie beispielsweise der EONIA, sind Referenzzinssätze für Übernachtkredite im unbesicherten Interbankenmarkt. Aufgrund ihrer kurzen Laufzeit spielt das Kreditrisiko bei diesen Referenzzinssätzen eine untergeordnete Rolle.[166] („near-credit risk free")[167] Das wesentliche Problem der OIRs liegt in ihrer begrenzten Anwendbar-

---

[164] Vgl. European Commission (2012), S. 17–18; Vgl. Wheatley (2012), S. 55–56; Vgl. Hiroshi (2013), S. 6–7

[165] Vgl. ESMA / EBA (2013b), S. 31–44

[166] Vgl. Tabb / Grundfest (2013), S. 15–16

[167] Vgl. Hiroshi (2013), S. 8

keit. Als Referenzzinssatz für Übernachtkredite können diese nur die Finanzierungs-kosten täglich fälliger Finanzprodukte abbilden.

In diesem Zusammenhang leisten Overnight Index Swaps Abhilfe. Diese vereinen das geringe Kreditrisiko der OIRs mit höheren Laufzeiten. Das Kreditrisiko bei OIS resultiert aus zwei Quellen. Einerseits aus dem Kreditrisiko des zugrundeliegenden Marktes für unbesicherte Übernachtkredite und andererseits aus dem Kontrahenten-risiko des Swap-Vertrags. Da die Abrechnung eines Swap-Vertrags erst bei Fälligkeit erfolgt und zu diesem Zeitpunkt lediglich die Differenz der Wertentwicklung zwischen fixem- und variablem-Zinssatz gezahlt wird,

(Vgl. 2.1.3.), ist das Kreditrisiko der OIS als gering einzustufen. Den eingangs erwähnten Unterschied zum LIBOR bildet somit das niedrige Kreditrisiko der OISs. Vor allem in Stressphasen der Märkte zeigt sich eine deutliche Differenz zwischen der Wertentwicklung des LIBOR und der OISs. (Vgl. Abbildung 7 und 3.3.2.) Daher wird der LIBOR-OIS Spread als Indikator für die Unsicherheit im Bankenmarkt herangezogen. (Vgl. 3.3.2.)

OISs sind keine direkte Alternative zum LIBOR. Sie decken jedoch den Bedarf einzelner Marktteilnehmer nach einer risikofreien Benchmark ab. Durch die Verwen-dung von OISs als Referenzzinssatz kommt es zu drei Problemen. Zum einen besteht nur eine geringe Liquidität im Markt der OISs. Dies ist ein Problem, speziell im Bereich von längeren Laufzeiten. Des Weiteren sind die Veröffentlichung sowie die Erhebung der OIS-Sätze nicht fest geregelt.[168] Ein drittes Problem der OIS besteht in ihrer Abhängigkeit zu den Overnight Index Rates. Sind diese manipuliert, können keine verlässlichen Overnight Index Swap Sätze ermittelt werden.

---

[168] Vgl. Wheatley (2012), S. 47–48

6.   Fazit

Ziel dieser Untersuchung war die Beantwortung von zwei Forschungsfragen. Daneben konnten mit Hilfe der Prinzipal-Agent-Theorie die Interessenskonflikte zwischen den verschiedenen Institutionen im Erhebungsprozess des Referenzzinssatzes hergeleitet werden. In diesem Zusammenhang wurde erkannt, dass die für die Manipulation wesentliche Prinzipal-Agent-Beziehung zwischen dem Finanzmarkt und den Banken-Panel besteht. Die Finanzinstitute sind Ausgangspunkt der Kalkulation des LIBOR und gleichzeitiger Nutzer der Benchmark. Dadurch entsteht ein Interessenkonflikt auf Ebene der Panel Banken.

Die Darstellung, der aus der Manipulation des Referenzzinssatzes entstandenen Auswirkungen für die einzelnen Marktteilnehmer bzw. den Finanzmarkt, beantwortete die erste Forschungsfrage. Anhand von verschiedenen Szenarien konnte gezeigt werden, dass die Auswirkungen der Manipulation – unter den getroffenen Annahmen – erhebliche Folgen für private Anleger bzw. Kreditnehmer haben. Dabei müssen diese Auswirkungen nicht zwangsläufig negativ sein. Ob dem einzelnen Marktteilnehmer ein finanzieller Schaden entstanden ist, hängt von der Richtung der Manipulation des Referenzzinssatzes ab. Bedingt durch die Komplexität der Manipulation kann die Wirkungsrichtung nicht zweifelsfrei festgestellt werden. Die Ableitung des gesamtwirtschaftlichen Schadens zeigte, dass die nicht-monetären Folgen für das Finanzsystem weitaus schwerer wiegen als die finanziellen Schäden für die Marktteilnehmer. Zumal monetäre Schäden im Rahmen eines bilateralen Finanzgeschäftes lediglich einer Partei entstanden sind. Für die Gegenseite stellt dieser Schaden einen finanziellen Vorteil dar. Als nicht monetäre Folge aus der Manipulation wurde der Vertrauensverlust der Marktteilnehmer in die verlässliche Erstellung von Referenzzinssätzen angeführt.

Dieser Vertrauensverlust sowie die Schwachstellen des LIBOR in den Bereichen der Berechnungsgrundlage und des Banken-Panels haben den Anknüpfungspunkt für den, aus der Manipulation abgeleiteten Handlungsbedarf und somit die Beantwortung der zweiten Forschungsfrage, geschaffen. Die zahlreichen Reformierungsvorschläge verdeutlichten die Dringlichkeit der Verbesserung des bestehenden Systems zur Ermittlung des LIBOR. Dabei wurde aufgezeigt, dass die empfohlenen Maßnahmen neben der Reformierung des LIBOR in einem weiteren, langfristen Schritt die

Ausweitung des Angebots im Markt für Referenzzinssätze zum Ziel haben. Als wesentliche Hemmnisse der Schaffung neuer Referenzzinssätze wurden die dadurch entstehenden Kosten sowie die erforderliche Integration neuer Benchmarks in das Finanzsystem identifiziert.

Vor dem Hintergrund der dargestellten Auswirkungen der Manipulation des Referenzzinssatzes LIBOR befürwortet der Autor dieser Untersuchung die genannten Verbesserungsvorschläge. Die Umsetzung einzelner Maßnahmen im LIBOR-System (Stand April 2014), wie beispielsweise die Übertragung der Verantwortung zur Erhebung des Referenzzinssatzes LIBOR auf eine neue Institution zeigen, dass seitens der Regulierungsbehörden die Wichtigkeit verlässlicher Referenzzinssätze für das Finanzsystem erkannt wurde.[169] Trotzdem steht die Verwirklichung einiger Reformvorschläge (z.B.: Implementierung neuer Referenzzinssätze) weiter aus.

---

[169] Vgl. o.V. (2014v)

VI. Literaturverzeichnis

Bächstädt, Karl-Heinz / Pietrzak, Michael (2012): Manipulation von LIBOR und
    EURIBOR - Referenzzinssätze auf dem Prüfstand, in: Kredit & Rating Praxis,
    Heft 5 2012, S. 19–23.

Bartmann, Peter et. al. (2009): Ursachen und Auswirkungen der Subprime-Krise, in:
    Informatik-Spektrum, Heft Vol. 31 Iss. 2 04.2009, S. 127–145.

Bastian, Nicole et. al. (2012): Der Deutschen Bank drohen hohe Kosten, in: Handels-
    blatt 02.08.2012, URL:
    http://www.handelsblatt.com/unternehmen/banken/libor-affaere-der-
    deutschen-bank-drohen-hohe-kosten/6952424.html, 04.04.2014.

Bea, Franz Xaver / Göbel, Elisabeth (2010): Organisation : Theorie und Gestaltung,
    4, Stuttgart 2010.

Becker, Hans Paul (2013): Investition und Finanzierung Grundlagen der betrieblichen
    Finanzwirtschaft, 6, Wiesbaden 2013.

Becker, Hans Paul / Peppmeier, Arno (2006): Bankbetriebslehre, 6, Ludwigshafen
    (Rhein) 2006.

Bösch, Martin (2009): Finanzwirtschaft : Investition, Finanzierung, Finanzmärkte und
    Steuerung, 1, München 2009.

Brousseau, V et. al. (2013): Fixing the Fixings: What Road to a More Representative
    Money Market Benchmark?, in: IMF Working Paper, Heft No. 13/131 05.2013,
    URL: http://www.imf.org/external/pubs/ft/wp/2013/wp13131.pdf, 03.04.2014.

Dombret, Andreas (2012): Stellungnahme anlässlich des öffentlichen Fachgesprächs
    des Finanzausschusses des Deutschen Bundestages 2012, URL:
    http://www.bundesbank.de/Redaktion/DE/Kurzmeldungen/Stellungnahmen/20
    12_11_23_finanzausschuss_libor.html, 07.04.2014.

Dowideit, Martin (2013): Der Tag der Milliardenstrafen für Banken, in: Handelsblatt
    03.12.2013, URL: http://www.handelsblatt.com/unternehmen/banken/libor-
    skandal-der-tag-der-milliardenstrafen-fuer-banken/9165706.html, 10.04.2014.

Duffie, Darrell et. al. (2013): A Sampling-Window Approach to Transactions-Based
    Libor Fixing, in: Staff report / Federal Reserve Bank of New York, Heft No. 596
    2013, URL: http://www.newyorkfed.org/research/staff_reports/sr596.pdf,
    21.04.2014.

Eaglesham, Jean (2013): Bank Made Huge Bet, and Profit, on Libor, in: The Wall
    Street Journal 10.01.2013, URL:
    http://online.wsj.com/news/articles/SB100014241278873244423045782317 21
    272636626#printMode, 07.04.2014.

Eilenberger, Guido et. al. (2013): Betriebliche Finanzwirtschaft : Einführung in Investi-
    tion und Finanzierung, Finanzpolitik und Finanzmanagement von Unterneh-
    mungen, 8, München 2013.

ESMA / EBA (2013a): Consultation Paper Principles for Benchmarks-Setting Pro-
    cesses in the EU, Paris 2013, URL:
    http://www.esma.europa.eu/system/files/2013-12.pdf, 16.04.2014.

ESMA / EBA (2013b): Final Report: Principles for Benchmark-Setting Processes in
    the EU, Paris 2013, URL: http://www.esma.europa.eu/system/files/2013-
    658_esma-eba_principles_for_benchmark-setting_processes_in_the_eu_-
    _final_report.pdf, 25.04.2014.

European Central Bank (2011): Die Geldpolitik der EZB, 3, Frankfurt 2011, URL:
    http://www.ecb.europa.eu/pub/pdf/other/monetarypolicy2011de.pdf?f5249956
    bbc90b5119e78a0ab2fec769.

European Central Bank (2012): Euro Money Market Study December 2012, Frankfurt
    2012, URL:
    https://www.ecb.europa.eu/pub/pdf/other/euromoneymarketstudy201212en.pd
    f.

European Central Bank (2013): Monatsbericht Oktober 2013, Frankfurt 2013, URL:
    http://www.bundesbank.de/Redaktion/DE/Downloads/Veroeffentlichungen/EZ
    B_Monatsberichte/2013/2013_10_ezb_mb.pdf?__blob=publicationFile,
    23.04.2014.

European Commission (2012): Consultaion Document on the Regulation of Indices, Brüssel 2012, URL: http://ec.europa.eu/internal_market/consultations/docs/2012/benchmarks/consultation-document_en.pdf, 13.03.2014.

European Commission (2013a): Zusammenfassung der Folgenabschätzung Begleit-unterlage zum Vorschlag für eine Verordnung des Europäischen Parlaments und des Rates über Indizes, die bei Finanzierungsinstrumenten und Finanz-kontrakten als Benchmark verwendet werden, Brüssel 2013, URL: http://edz.bib.uni-mannheim.de/edz/pdf/swd/2013/swd-2013-0337-de.pdf http://eur-lex.europa.eu/LexUriServ/LexUriServ.do?uri=SWD:2013:0337:FIN:DE:PDF, 09.03.2014.

European Commission (2013b): Proposal for a Regulation of the European Parlia-ment and of the Council on indices used as benchmarks in financial instru-ments and financial contracts, Brüssel 2013, URL: http://eur-lex.europa.eu/LexUriServ/LexUriServ.do?uri=SWD:2013:0336:FIN:EN:PDF, 09.03.2014.

Fecht, Falko (2013): Der unbesicherte Geldmarkt - Blinddarm des Finanzsystems?, in: Zeitschrift für das gesamte Kreditwesen 07 04.2013, S. 338–347.

Fernandez, Tommy (2012): LIBOR Pains: What's the Impact?, in: Money Manage-ment Executive, Heft Vol. 20 No. 32 08.2012, S. 1–6.

FSA (2012): Final Notice to Barclays 2012, URL: http://www.fsa.gov.uk/static/pubs/final/barclays-jun12.pdf, 02.03.2014.

Gallu, Joshua (2012): Barclays Reduced Libor After October 2008 Bank of England Call, in: Bloomberg 27.01.2012, URL: http://www.bloomberg.com/news/2012-06-27/barclays-reduced-libor-after-october-2008-bank-of-england-call.html, 14.04.2014.

Gerke, Wolfgang (2002): Gerke Börsen Lexikon, 1, Wiesbaden 2002.

Grill, Wolfgang / Perczynski, Hans (2005): Wirtschaftslehre des Kreditwesens, 39, Troisdorf 2005.

Gyntelberg, Jacob / Wooldridge, Philip (2008): Interbank rate fixings during the recent turmoil, in: BIS Quarterly Review, Heft March 2008, S. 59–72.

Hadeler, Thorsten et. al. (Hrsgg.) (2000): Gabler Wirtschaftslexikon Band 5 von 8, 15, Wiesbaden 2000.

Hajek, Stefan (2012): Was Anleger im Libor-Skandal tun können, in: WirtschaftsWoche 06.08.2012, URL: http://www.wiwo.de/finanzen/geldanlage/zinsmanipulation-was-anleger-im-libor-skandal-tun-koennen-seite-all/6957036-all.html, 13.04.2014.

Hauschild, Andreas et. al. (2013): Geldmarkt im Wandel Thorsten, in: Zeitschrift für das gesamte Kreditwesen 07 04.2013, S. 344–351.

Hiroshi, Nakaso (2013): Towards better reference rate practices: a central bank perspective, Basel 2013, URL: http://www.bis.org/publ/othp19.pdf, 17.03.2014.

Hull, John (2009): Optionen, Futures und andere Derivate, 7, München; Boston, Mass. [u.a.] 2009.

Jost, Peter-Jürgen / Backes-Gellner, Uschi (2001): Die Prinzipal-Agenten-Theorie im Unternehmenskontext in: Die Prinzipal-Agenten-Theorie in der Betriebswirtschaftslehre, hrsg. v. Peter-Jürgen Jost, Stuttgart 2001, S. 1–45.

Juan, Jovi / Enrich, David (2014): Libor: The Spider Network, in: The Wall Street Journal 17.02.2014, URL: http://graphics.wsj.com/libor-network/index.php?standalone=1#item=Davies, 10.04.2014.

Keenan, Douglas (2012): My thwarted attempt to tell of Libor shenanigans, in: Financial Times 26.07.2012, URL: http://www.ft.com/cms/s/0/dc5f49c2-d67b-11e1-ba60-00144feabdc0.html#axzz2rgfsNSdG, 23.04.2014.

Kieser, Alfred / Walgenbach, Peter (2007): Organisation, 5, Stuttgart 2007.

Klein, Christian (2012): Das Ende des Vertrauens? LIBOR- Referenzzinssatz, in: Wirtschaftsdienst, Heft Vol. 92 Iss. 8 09.2012, S. 504–505.

Kobayashi, Shun (2012): Application of a Search Model to Appropriate Designing of Reference Rates: Actual Transactions and Expert Judgment, in: Bank of Japan working paper series, Reihe Bank of Japan working paper series, Heft 12,13 12.2012, URL: http://www.boj.or.jp/en/research/wps_rev/wps_2012/data/wp12e13.pdf, 10.04.2014.

Kranacher, Mary-Jo (2013): Libor-Suspicion and Scandal: Restoring Trust in a Global Benchmark, in: The CPA Journal, Heft Vol. 83 No. 1 01.2013, S. 80.

Kraten, Michael (2013): Why Libor Manipulation Matters, in: The CPA Journal, Heft Vol. 83 No. 9 09.2013, S. 6–10.

Masters, Brooke et. al. (2012): Bankers embark on Libor rate-setting rethink, in: Financial Times 06.03.2012, URL: http://www.ft.com/intl/cms/s/0/cefbc2a6-677c-11e1-b6a1-00144feabdc0.html#axzz2tgjv0A61, 19.04.2014.

Meyer, Kathrin et. al. (2012): 300 Billionen Dollar suchen einen neuen Maßstab, in: Handelsblatt 28.09.2012, URL: http://www.handelsblatt.com/unternehmen/banken/libor-reformplaene-300-billionen-dollar-suchen-einen-neuen-massstab/7193320.html, 29.04.2014.

Murphy, Megan et. al. (2012): Probe reveals scale of Libor abuse, in: 09.02.2012, URL: http://www.ft.com/intl/cms/s/0/5ae1f598-5264-11e1-a155-00144feabdc0.html#axzz2tgjv0A61, 21.04.2014.

Nagel, Joachim / Hartkopf, Carsten (2013): Der Euro-Geldmarkt aus deutscher Perspektive, in: Zeitschrift für das gesamte Kreditwesen 07 04.2013, S. 330.

o.V. (1998): Strafgesetzbuch in der Fassung der Bekanntmachung vom 13. November 1998 (BGBl. I S. 3322), das durch Artikel 1 des Gesetzes vom 23. April 2014 (BGBl. I S. 410) geändert worden ist 1998, URL: http://www.gesetze-im-internet.de/stgb/__263.html, 05.05.2014.

o.V. (2002): Bürgerliches Gesetzbuch in der Fassung der Bekanntmachung vom 2. Januar 2002 (BGBl. I S. 42, 2909; 2003 I S. 738), das zuletzt durch Artikel 4 Absatz 5 des Gesetzes vom 1. Oktober 2013 (BGBl. I S. 3719) geändert worden ist 2002, URL: http://www.gesetze-im-internet.de/bgb/__489.html, 05.05.2014.

o.V. (2009): Vertrag über die Arbeitsweise der Europäischen Union Konsolidierte Fassung bekanntgemacht im ABl. EG Nr. C 115 vom 9.5.2008, S. 47 2009, URL: http://www.aeuv.de/aeuv/dritter-teil/titel-viii/kapitel-2/art-127.html, 05.05.2014.

o.V. (2012a): Libor-Reform könnte Kredite verteuern, in: Der Treasurer, Heft Nr. 19 2012, S. 9.

o.V. (2012b): Key emails: how Barclays manipulated Libor, in: The Telegraph 27.01.2012, URL: http://www.telegraph.co.uk/finance/newsbysector/banksandfinance/9359392/Key-emails-how-Barclays-manipulated-Libor.html, 13.04.2014.

o.V. (2012c): Zinskomplott Banker haben Libor und Euribor manipuliert -das sind Referenzzinssätze für Anlagen von insgesamt 660 Billionen Euro . Wer davon betroffen ist, in: Euro am Sonntag, Heft Nr. 27 07.2012, S. 22–23.

o.V. (2012d): Libor scandal: Paul Tucker denies „leaning on" Barclays, in: 09.07.2012, URL: http://www.bbc.co.uk/news/business-18773498?print=true, 10.04.2014.

o.V. (2012e): Libor – what is it and why does it matter?, in: BBC News 18.12.2012, URL: http://www.bbc.co.uk/news/business-19199683, 14.04.2014.

o.V. (2014a): bbaliborTM: Disclaimer, URL: http://www.bbalibor.com/disclaimer, 12.03.2014.

o.V. (2014b): bbaliborTM: Historical Perspective, URL: http://www.bbalibor.com/explained/historical-perspective, 12.03.2014.

o.V. (2014c): Euribor-EBF | About Eonia®, URL: http://www.euribor-ebf.eu/euribor-eonia-org/about-eonia.html, 17.03.2014.

o.V. (2014d): bbaliborTM: Definitions, URL: http://www.bbalibor.com/explained/definitions, 21.03.2014.

o.V. (2014e): Euribor-EBF | About Euribor®, URL: http://www.euribor-ebf.eu/euribor-org/about-euribor.html, 23.03.2014.

o.V. (2014f): bbaliborTM: Governance, URL: http://www.bbalibor.com/governance, 26.03.2014.

o.V. (2014g): Leitzins | Leitzinsen | Euro | USA | GB | EZB, URL: http://www.finanzen.net/leitzins/, 26.03.2014.

o.V. (2014h): Die Amerikanische Dollar LIBOR Zinssätze 2008, URL: http://de.global-rates.com/zinssatze/libor/amerikanischer-dollar/2008.aspx, 31.03.2014.

o.V. (2014i): bbaliborTM: The Basics, URL: http://www.bbalibor.com/explained/the-basics, 01.04.2014.

o.V. (2014j): Euribor-EBF | Euribor® Panel Banks, URL: http://www.euribor-ebf.eu/euribor-org/panel-banks.html, 02.04.2014.

o.V. (2014): NWB29R Kuponhistorie | Entwicklung des Kupons für NRWBANK, URL: http://www.finanzen.net/anleihen/NWB29R-NRWBANK-Anleihe-Kuponhistorie, 04.04.2014.

o.V. (2014k): Libor-Skandal - Kosten für ausgewählte Banken durch Zivilklagen | Statistik, URL: http://de.statista.com/statistik/daten/studie/237624/umfrage/kosten-fuer-banken-durch-zivilklagen-infolge-des-libor-skandals/, 09.04.2014.

o.V. (2014l): Der 3 Monats Euro LIBOR Zinssatz, URL: http://de.global-rates.com/zinssatze/libor/europaischer-euro/eur-libor-zinssatz-3-monate.aspx, 10.04.2014.

o.V. (2014m): bbaliborTM: LIBOR Panel Banks and Users Group, URL:
  http://www.bbalibor.com/governance/libor-panel-banks-and-users-group,
  15.04.2014.

o.V. (2014n): Latest bond rates, interest rates, Libor and interbank rates - FT.com,
  URL: http://markets.ft.com/research/Markets/Bonds, 15.04.2014.

o.V. (2014o): bbaliborTM: Panels, URL: http://www.bbalibor.com/panels, 16.04.2014.

o.V. (2014p): bbaliborTM: Scrutiny, URL:
  http://www.bbalibor.com/governance/scrutiny, 19.04.2014.

o.V. (2014q): bbaliborTM: Setting, URL: http://www.bbalibor.com/technical-
  aspects/setting-bbalibor, 20.04.2014.

o.V. (2014r): About Us | BBA | BBA, URL: https://www.bba.org.uk/about-us/,
  22.04.2014.

o.V. (2014s): BBA Libor, URL: http://www.bbalibor.com/panels/usd, 22.04.2014.

o.V. (2014t): Members | BBA | BBA, URL: https://www.bba.org.uk/about-
  us/members/?letter=, 22.04.2014.

o.V. (2014u): bbaliborTM: Sub Committees, URL:
  http://www.bbalibor.com/governance/sub-committees, 23.04.2014.

o.V. (2014v): ICE LIBOR, URL: https://www.theice.com/iba_libor.jhtml, 29.04.2014.

o.V. (2014w): NWB29R | NRWBANK-Anleihe: 1.223% bis 21.03.2016, URL:
  http://www.finanzen.net/anleihen/NWB29R-NRWBANK-Anleihe, 31.07.2014.

Papendick, Ulric (2012): Bankenskandal - Nicht lernfähig: Nach der Libor-Affäre
  drohen der Finanzbranche weitreichende Konsequenzen., in: Manager Maga-
  zin, Heft Heft 8 2012, S. 14–15.

Perridon, Louis et. al. (2009): Finanzwirtschaft der Unternehmung, 15, München
  2009.

Von Petersdorff, Winand (2008): Finanzkrise Keiner traut sich - und den Banken
schon gar nicht, in: Frankfurter Allgemeine Zeitung 05.10.2008, URL:
http://www.faz.net/aktuell/wirtschaft/finanzkrise-keiner-traut-sich-und-den-
banken-schon-gar-nicht-1713882.html?printPagedArticle=true#pageIndex_2,
26.03.2014.

Picot, Arnold et. al. (2008): Organisation : Eine ökonomische Perspektive, 5, Stuttgart
2008.

Pratt, John Winsor / Zeckhauser, Richard (1985): Principals and Agents: An Over-
view in: Principals and agents: the structure of business, hrsgg. v. John
Winsor Pratt / Richard Zeckhauser, Boston 1985, S. 1–35.

Tabb, Rebecca / Grundfest, Joseph (2013): Alternatives to Libor, in: Capital Markets
Law Journal (2013), Heft 8 (3) 2013, S. 229–260.

Thießen, Friedrich (2013a): Die Manipulationen des Libor und seine geplanten
Reformen aus Sicht deutscher Unternehmen, in: Coporate Finance, Heft Heft
2 2013, S. 90–93.

Thießen, Friedrich (2013b): Zu den Reformen des Libor : Widersprüche und Unge-
reimtheiten, in: Zeitschrift für das gesamte Kreditwesen 07 2013, S. 353–356.

Thornton, Daniel L (2009): What the Libor-OIS Spread Says, in: Economic
SYNOPSES24, Heft No. 24 2009, URL:
http://research.stlouisfed.org/publications/es/09/ES0924.pdf, 03.04.2014.

Wheatley, Martin (2012): The Wheatley Review of LIBOR: final report, London 2012,
URL:
https://www.gov.uk/government/uploads/system/uploads/attachment_data/file/
191762/wheatley_review_libor_finalreport_280912.pdf, 19.03.2014.

Wöhe, Günter et. al. (2009): Grundzüge der Unternehmensfinanzierung, 10,
München 2009.

Wöhe, Günter / Döring, Ulrich (2010): Einführung in die allgemeine Betriebswirtschaftslehre, 24, München 2010.

Wolf, Joachim (2013): Organisation, Management, Unternehmensführung : Theorien, Praxisbeispiele und Kritik, 5, Wiesbaden 2013.

Zantow, Roger / Dinauer, Josef (2011): Finanzwirtschaft des Unternehmens : die Grundlagen des modernen Finanzmanagements, 3, München 2011.

VII. Anlagen

Anlage 1 Produkterläuterung zinsvariable Anleihe

Um die Analyse der dargestellten Szenarien in Punkt 4.3.2. zu verdeutlichen, wird in diesem Abschnitt zunächst auf die allgemeinen Merkmale einer Anleihe eingegangen. Anschließend erfolgt eine kurze Darstellung des für die Analyse herangezogenen Wertpapiers. Anleihen sind aus der Sicht eines Unternehmens ein Instrument zur Aufnahme von Fremdkapital. Im Rahmen der Finanzierungsmöglichkeiten sind sie in den Bereich der Fremd- bzw. Außenfinanzierung einzuordnen. Für den Gläubiger stellen Anleihen ein Forderungsrecht (Gläubigerrecht) gegenüber dem Emittenten (Ausgeber der Anleihe) dar. Es sind Schuldverschreibungen, die entweder auf den Namen oder den Inhaber lauten.[170] Die Ausgabe (Emission) erfolgt über den Kapitalmarkt. (Vgl. 2.1.1. Definition Kapitalmarkt) Das Emissionsvolumen bildet die Höhe des aufgenommenen Kapitals. Ein Bond stellt dem Emittenten mittel- bis langfristiges Fremdkapital zur Verfügung. Für die Bereitstellung des Kapitals erhält der Anleger (privat oder institutionell) eine Vergütung. Diese kann je nach Art der Anleihe variieren (Abbildung 12).

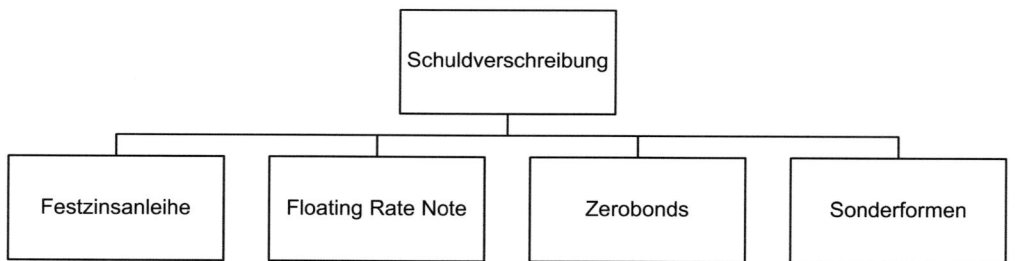

Abbildung 12 Arten von Schuldverschreibungen[171]

Quelle: Eigene Darstellung Becker[172]

Bei der Festzinsanleihe erhält der Investor während der Laufzeit, zu vorher definierten Zeitpunkten, einen festen Zinssatz (Kupon) auf den Nennbetrag der Anleihe. Der Kupon von zinsvariablen Anleihen (floating rate notes) ergibt sich dagegen in Abhän-

---

[170] Vgl. Becker (2013), S. 209

[171] Der Begriff Schuldverschreibung wird synonym mit dem Begriff Anleihe verwendet

[172] Aufgrund des begrenzten Umfangs der Studie wird auf die Erläuterung des Zerobonds und der Sonderformen von Anleihen verzichtet

gigkeit vom Wert einer Benchmark. Die Referenzzinssätze LIBOR bzw. EURIBOR werden in diesem Zusammenhang häufig als Berechnungsgrundlage herangezogen.[173] Eine genaue Erläuterung der Kuponzusammensetzung ergibt sich aus den Emissionsbedingungen der Anleihe. Neben der Festlegung des Referenzzinssatzes werden hier auch etwaige Mindest- (floors) oder Höchstzinssätze (caps) bestimmt.[174] Im Regelfall erfolgt die Rückzahlung der Anleihe zum Nennbetrag am Ende der Laufzeit. Vor der Fälligkeit der Anleihe findet ein Handel an der Börse statt, an der fortlaufende An- und Verkaufskurse gestellt werden. Somit hat der Anleger die Möglichkeit, das Wertpapier zum Kurswert vor Laufzeitende zu veräußern. Die Kurse können allerdings vom Nennwert der Anleihe abweichen.[175] Mögliche Emittenten einer Anleihe sind nicht nur privatrechtliche Unternehmen, sondern auch öffentlich-rechtliche Institutionen oder Länder. In Abhängigkeit der Bonität der ausgebenden Organisation/ des Staates ergibt sich die Höhe des zu zahlenden Kupons. Je besser die Kreditwürdigkeit des Schuldners, desto geringer der Zinssatz der Anleihe. Die gleiche Wirkungsweise ergibt sich in umgekehrter Form für eine schlechte Bonität. Da bei zinsvariablen Bonds der Kupon nicht fixiert ist, erfolgt eine Anpassung an die Bonität durch eine „Korrekturkomponente". So lautet die Vereinbarung einer variable Zinszahlung beispielsweise: 3-Monats-LIBOR EURO + 145 Prozentpunkte per annum.[176] Der gezahlte Zins besteht somit aus einer fixen- und variablen-Komponente. Durch die marktnahe Verzinsung hat der Anleger die Chance, von steigenden Zinsen zu profitieren.[177]

Zur Analyse der verschiedenen Szenarien greift die Untersuchung auf eine zinsvariable Anleihe der NRW Bank[178] (Emittent) zurück. Diese umfasst einen Nennbetrag von 400 Mio. Pfund Sterling[179] und läuft vom 21.03.2012 bis zum 21.03.2016. Dabei handelt es sich um eine auf den Inhaber lautende Schuldverschreibung, die zu

---

[173] Vgl. Bösch (2009), S. 221–222

[174] Vgl. Eilenberger et. al. (2013), S. 327

[175] Vgl. Perridon et. al. (2009), S. 397

[176] Vgl. Wöhe / Döring (2010), S. 604

[177] Vgl. Wöhe / Döring (2010), S. 604

[178] Förderbank für das Land Nordrhein-Westfalen, Sitz Düsseldorf

[179] Die Anleihe wurde zeitversetzt in zwei Tranche zu 175 Mio. und 225 Mio. Pfund mit gleichen Emissionsbedingungen begeben

pari[180] emittiert wurde. Der Kupon ergibt sich in Abhängigkeit des 3-Monats Pfund Sterling LIBOR plus einen Aufschlag von 67 Basispunkten per annum. Die Zinszahlungen erfolgen an jeweils 4 Terminen im Jahr: 21.03.; 21.06.; 21.09.; 21.12.. Errechnet werden die Zahlungen an den Investor auf Basis der Acutal/365 Methode. Die Rückzahlung erfolgt zum Nennwert. Darüber hinaus verbrieft die Schuldverschreibung keine Sonderrechte und wird nicht nachrangig begeben.[181]

---

[180] Entspricht dem Nennwert eines Wertpapiers Vgl. Gerke (2002), S. 606

[181] Vgl. o.V. (2014w)

Anlage 2 Szenarien Betrachtung zinsvariable Anleihe[182]

Szenario I: Ausgangssituation 3-Monats-LIBOR GBP

	Emission Anleihe																
Datum der Kuponzahlungen	21.03.12	20.06.12	20.09.12	20.12.12	20.03.13	20.06.13	22.09.13	22.12.13	20.03.14	21.06.14	21.09.14	21.12.14	21.03.15	21.06.15	21.09.15	21.12.15	21.03.16
Zeitpunkt	t0	t1	t2	t3	t4	t5	t6	t7	t8	t9	t10	t11	t12	t13	t14	t15	t16
Zinstage	91	92	91	90	92	94	91	88	93	92	92	91	90	92	91	91	0
Höhe der Kuponzahlungen in Prozent	1,704%	1,585%	1,297%	1,188%	1,177%	1,179%	1,188%	1,197%	1,197%	1,197%	1,197%	1,197%	1,197%	1,197%	1,197%	1,197%	
Zinsertrag in GBP bei Ausgansinvest von 100.000 GBP	-£100.000,00	£424,83	£399,51	£323,36	£292,93	£296,67	£303,63	£296,19	£288,59	£304,99	£301,71	£301,71	£298,43	£295,15	£301,71	£298,43	£298,43 / £100.000,00
Diskontierungszinssatz		0,38%	0,38%	0,38%	0,38%	0,38%	0,38%	0,38%	0,38%	0,38%	0,38%	0,38%	0,38%	0,38%	0,38%	0,38%	0,38%
Diskontierungszeitraum in Monaten		0,25	0,50	0,75	1,00	1,25	1,51	1,76	2,00	2,25	2,50	2,75	3,00	3,25	3,50	3,75	4,00
Barwert der Cash Flows		£424,43	£398,75	£322,44	£291,83	£295,27	£301,90	£294,22	£286,41	£302,40	£298,86	£298,01	£291,81	£295,33	£297,73	£294,21	£293,93 / £398.493,31
Auszahlung in t0 in Euro	-£100.000,00																
Kapitalwert in t0	**£3.480,83**																

■ real ■ fiktiv

Szenario II: Manipulation des 3-Monats-LIBOR GBP plus 40 BP

	Emission Anleihe																
Datum der Kuponzahlungen	21.03.12	20.06.12	20.09.12	20.12.12	20.03.13	20.06.13	22.09.13	22.12.13	20.03.14	21.06.14	21.09.14	21.12.14	21.03.15	21.06.15	21.09.15	21.12.15	21.03.16
Zeitpunkt	t0	t1	t2	t3	t4	t5	t6	t7	t8	t9	t10	t11	t12	t13	t14	t15	t16
Zinstage	91	92	91	90	92	94	91	88	93	92	92	91	90	92	91	91	0
Höhe der Kuponzahlungen in Prozent	1,704%	1,585%	1,297%	1,188%	1,177%	1,179%	1,188%	1,197%	1,197%	1,197%	1,197%	1,197%	1,197%	1,197%	1,197%	1,197%	
Höhe der Kuponzahlungen in Prozent nach Manipulation +40BP	2,104%	1,985%	1,697%	1,588%	1,577%	1,579%	1,588%	1,597%	1,597%	1,597%	1,597%	1,597%	1,597%	1,597%	1,597%	1,597%	
Zinsertrag in GBP bei Ausgansinvest von 100.000 GBP	-£100.000,00	£524,56	£500,33	£423,09	£391,56	£397,49	£406,65	£406,09	£385,03	£406,91	£402,53	£398,16	£393,78	£398,16	£402,53	£398,16	£398,16 / £100.000,00
Diskontierungszinssatz		0,38%	0,38%	0,38%	0,38%	0,38%	0,38%	0,38%	0,38%	0,38%	0,38%	0,38%	0,38%	0,38%	0,38%	0,38%	0,38%
Diskontierungszeitraum in Monaten		0,25	0,50	0,75	1,00	1,25	1,51	1,76	2,00	2,25	2,50	2,75	3,00	3,25	3,50	3,75	4,00
Barwert der Cash Flows		£524,06	£499,38	£421,88	£390,08	£395,61	£404,33	£393,28	£382,12	£403,45	£398,73	£394,02	£389,33	£397,60	£397,22	£392,53	£392,16 / £398.493,31
Auszahlung in t0 in Euro	-£100.000,00																
Kapitalwert in t0	**£5.069,08**																

■ real ■ fiktiv

Szenario III: Manipulation des 3-Monats-LIBOR GBP minus 40 BP

	Emission Anleihe																
Datum der Kuponzahlungen	21.03.12	20.06.12	20.09.12	20.12.12	20.03.13	20.06.13	22.09.13	22.12.13	20.03.14	21.06.14	21.09.14	21.12.14	21.03.15	21.06.15	21.09.15	21.12.15	21.03.16
Zeitpunkt	t0	t1	t2	t3	t4	t5	t6	t7	t8	t9	t10	t11	t12	t13	t14	t15	t16
Zinstage	91	92	91	90	92	94	91	88	93	92	92	91	90	92	91	91	0
Höhe der Kuponzahlungen in Prozent	1,704%	1,585%	1,297%	1,188%	1,177%	1,179%	1,188%	1,197%	1,197%	1,197%	1,197%	1,197%	1,197%	1,197%	1,197%	1,197%	
Höhe der Kuponzahlungen in Prozent nach Manipulation -40BP	1,304%	1,185%	0,897%	0,788%	0,777%	0,779%	0,788%	0,797%	0,797%	0,797%	0,797%	0,797%	0,797%	0,797%	0,797%	0,797%	
Zinsertrag in GBP bei Ausgansinvest von 100.000 GBP	-£100.000,00	£325,11	£298,68	£223,64	£194,30	£195,85	£200,62	£196,46	£192,15	£203,07	£200,89	£198,70	£196,52	£198,70	£200,89	£198,70	£198,70 / £100.000,00
Diskontierungszinssatz		0,38%	0,38%	0,38%	0,38%	0,38%	0,38%	0,38%	0,38%	0,38%	0,38%	0,38%	0,38%	0,38%	0,38%	0,38%	0,38%
Diskontierungszeitraum in Monaten		0,25	0,50	0,75	1,00	1,25	1,51	1,76	2,00	2,25	2,50	2,75	3,00	3,25	3,50	3,75	4,00
Barwert der Cash Flows		£324,80	£298,12	£223,00	£193,57	£194,92	£199,48	£194,92	£190,70	£201,34	£198,99	£196,64	£194,30	£198,43	£198,24	£195,90	£195,71 / £398.493,31
Auszahlung in t0 in Euro	-£100.000,00																
Kapitalwert in t0	**£1.892,58**																

■ real ■ fiktiv

---

[182] Quelle: Eigene Darstellung; Datenbasis: Kuponzahlung der Anleihe o.V. (2014), Durchschnittliche Rendite Britischer Anleihen o.V. (2014n)

Anlage 3 Produkterläuterung zinsvariables Darlehen

Ausgangspunkt der zweiten Analyse ist ein zinsvariables Darlehen. Analog der Anlage 1 erfolgt zunächst eine kurze Darstellung des Finanzierungsinstrumentes. Im betriebswirtschaftlichen Zusammenhang stellt es für ein Unternehmen eine Form der Außen- bzw. Fremdfinanzierung dar. Im privaten Bereich bildet das Darlehen die wichtigste Form der Fremdkapitalbeschaffung. In diesem Anwendungsfeld dient es der langfristigen Finanzierung von Konsumgütern. Ein Darlehen stellt eine Form eines Kredites dar. Grundsätzlich ist der Begriff des Kredites weiter gefasst: *„Kredit gewährt jeder, der einem anderen eine Leistung zur Verfügung stellt, ohne auf gleichzeitige Gegenleistung zu bestehen."* [183] Im Rahmen dieser Untersuchung werden die Begriffe Darlehen und Kredit synonym verwendet. Zum Verständnis der Szenarien Analyse erfolgt zunächst eine Erläuterung der wichtigsten Merkmale eines Darlehens. Grundlage für die Aufnahme von Fremdmitteln bildet der Darlehensvertrag. Neben der Höhe des Darlehensbetrags, der Laufzeit, den Sicherheiten und der Tilgungsform bestimmt dieser die Rechte und Pflichten des Kreditnehmers (Kunde) sowie des Kreditgebers (Finanzinstitut).[184] Grundsätzlich werden im privaten Finanzierungsbereich zwei Formen der Verzinsung unterschieden. Es besteht die Möglichkeit den Kredit auf Basis eines festen Zinssatzes zu vereinbaren. Der Kunde verhandelt mit der Bank die Höhe sowie den Zeitraum der Gültigkeit des Zinssatzes (Zinsbindungsfrist). Der Vorteil ergibt sich aus der Planbarkeit der Belastungen für den Kreditnehmer. Diese Form der Zinsvereinbarung bildet den Regelfall.[185] Zum anderen kann der Kreditnehmer mit seiner Bank ein zinsvariables Darlehen vereinbaren. Im Unterschied zum Festzinsdarlehen variiert der Zinssatz während der Laufzeit. Die Berechnungsgrundlage der Zinsbelastung bilden Referenzzinssätze wie der LIBOR oder der EURIBOR. Darüber hinaus verhandeln beide Parteien einen Aufschlag auf den Referenzzinssatz. Dieser bestimmt sich in Abhängigkeit von der Bonität des Schuldners.[186] Ähnlich der variablen Anleihe (Vgl. Anlage 1) besteht die Möglichkeit der Vereinbarung einer Zinsober- (cap) bzw. Zinsuntergrenze (floor). Ein zinsvariables Darlehen hat zwei wesentliche Vorteile. Bedingt durch die fortlaufende

---

[183] Wöhe et. al. (2009), S. 225

[184] Vgl. Grill / Perczynski (2005), S. 349

[185] Vgl. Becker / Peppmeier (2006), S. 145

[186] Vgl. Bösch (2009), S. 212

Anpassung der Darlehenszinsen an die aktuelle Marktsituation besteht für den Darlehensnehmer kein Zinsänderungsrisiko. Der zweite Vorteil liegt in der Möglichkeit der vorzeitigen Darlehensrückzahlung. Nach Paragraph 489 (2)[187] des bürgerlichen Gesetzbuches hat der Kreditnehmer das Recht, ein zinsvariables Darlehen mit einer Kündigungsfrist von drei Monaten zurückzuführen. Macht der Schuldner davon Gebrauch, entstehen ihm keine zusätzlichen Kosten in Verbindung mit der vorzeitige Ablöse (Vorfälligkeitsentschädigung).[188] Letzteres bildet den großen Unterschied zu festverzinslichen Darlehen, bei dem der Kreditnehmer nur in Ausnahmefällen das Darlehen ohne Vorfälligkeitsentschädigung zurückzahlen kann. Eine weitere Art der Unterscheidung von Darlehen ergibt sich hinsichtlich der Tilgungsform. Im privaten Bereich habe sich das Tilgungsdarlehen und das Annuitätendarlehen etabliert. Die Annuität bezeichnet die vom Kreditnehmer in bestimmten Abständen (meist monatlich) zu entrichtende Belastung. Diese besteht aus dem Zins für das überlassene Kapital sowie der anteiligen Rückzahlung des Kreditbetrags (Tilgung). Bei einem Annuitätendarlehen zahlt der Schuldner über die komplette Laufzeit den gleichen Betrag. Dabei ist der Anteil der Tilgung zunächst gering, steigt jedoch im Verlauf der Rückzahlung durch den sinkenden Zinsanteil an.[189] Die zweite Form der Rückführung bildet das Tilgungsdarlehen. Auch in diesem Fall besteht die Darlehensrate aus Zins und Tilgung. Im Unterschied zum Annuitätendarlehen verändert sich die Darlehensbelastung über die Laufzeit. Der Schuldner vereinbart mit dem Kreditgeber einen festen Tilgungsbetrag. Durch die sinkende Restschuld verringert sich die Höhe der Zinsbelastung. Dadurch nimmt die Darlehensrate im Zeitverlauf ab.[190]

Für die folgende Szenarien Betrachtung wird auf ein zinsvariables Tilgungsdarlehen zurückgegriffen. Das Darlehen umfasst einen Betrag von 80.000 Euro, der über fünf Jahre zurückgeführt wird. Die Zinsen werden auf Basis des 3-Monats-Euro Libor mit einem Aufschlag von 220 Prozentpunkten per annum in dreimonatigen Abständen angepasst. Der ermittelte Zinssatz gilt für das zurückliegende Quartal. Die Verrechnung der Tilgungsleistung erfolgt zum Zeitpunkt der Fälligkeit der Darlehensrate alle drei Monate.

---

[187] Vgl. o.V. (2002) Paragraph 489 (2)

[188] Vgl. o.V. (2002)

[189] Vgl. Wöhe et. al. (2009), S. 229

[190] Vgl. Perridon et. al. (2009), S. 418

Anlage 4 Szenarien Betrachtung zinsvariables Darlehen[191]

Szenario I: Ausgangssituation 3-Monats-LIBOR Euro

Auszahlung des Kreditbertrags i.H.v. 80.000 Euro am 01.02.2013

	Zeitpunkt	3-Monats-LIBOR-Euro	Aufschlag	Zinssatz für 3 Monate	Darlehens-betrag	Tilgung	Zinsen	Darlehensrate	Restbetrag
t0	01.02.13				80.000,00 €				80.000,00 €
t1	01.05.13	0,1223%	2,20%	2,3223%	80.000,00 €	4.000,00 €	464,46 €	4.464,46 €	76.000,00 €
t2	01.08.13	0,1529%	2,20%	2,3529%	76.000,00 €	4.000,00 €	447,04 €	4.447,04 €	72.000,00 €
t3	01.11.13	0,1736%	2,20%	2,3736%	72.000,00 €	4.000,00 €	427,24 €	4.427,24 €	68.000,00 €
t4	01.02.14	0,2564%	2,20%	2,4564%	68.000,00 €	4.000,00 €	417,59 €	4.417,59 €	64.000,00 €
t5	01.05.14	0,2564%	2,20%	2,4564%	64.000,00 €	4.000,00 €	393,03 €	4.393,03 €	60.000,00 €
t6	01.08.14	0,2564%	2,20%	2,4564%	60.000,00 €	4.000,00 €	368,46 €	4.368,46 €	56.000,00 €
t7	01.11.14	0,2564%	2,20%	2,4564%	56.000,00 €	4.000,00 €	343,90 €	4.343,90 €	52.000,00 €
t8	01.02.15	0,2564%	2,20%	2,4564%	52.000,00 €	4.000,00 €	319,34 €	4.319,34 €	48.000,00 €
t9	01.05.15	0,2564%	2,20%	2,4564%	48.000,00 €	4.000,00 €	294,77 €	4.294,77 €	44.000,00 €
t10	01.08.15	0,2564%	2,20%	2,4564%	44.000,00 €	4.000,00 €	270,21 €	4.270,21 €	40.000,00 €
t11	01.11.15	0,2564%	2,20%	2,4564%	40.000,00 €	4.000,00 €	245,64 €	4.245,64 €	36.000,00 €
t12	01.02.16	0,2564%	2,20%	2,4564%	36.000,00 €	4.000,00 €	221,08 €	4.221,08 €	32.000,00 €
t13	01.05.16	0,2564%	2,20%	2,4564%	32.000,00 €	4.000,00 €	196,51 €	4.196,51 €	28.000,00 €
t14	01.08.16	0,2564%	2,20%	2,4564%	28.000,00 €	4.000,00 €	171,95 €	4.171,95 €	24.000,00 €
t15	01.11.16	0,2564%	2,20%	2,4564%	24.000,00 €	4.000,00 €	147,39 €	4.147,39 €	20.000,00 €
t16	01.02.17	0,2564%	2,20%	2,4564%	20.000,00 €	4.000,00 €	122,82 €	4.122,82 €	16.000,00 €
t17	01.05.17	0,2564%	2,20%	2,4564%	16.000,00 €	4.000,00 €	98,26 €	4.098,26 €	12.000,00 €
t18	01.08.17	0,2564%	2,20%	2,4564%	12.000,00 €	4.000,00 €	73,69 €	4.073,69 €	8.000,00 €
t19	01.11.17	0,2564%	2,20%	2,4564%	8.000,00 €	4.000,00 €	49,13 €	4.049,13 €	4.000,00 €
t20	01.02.18	0,2564%	2,20%	2,4564%	4.000,00 €	4.000,00 €	24,56 €	4.024,56 €	0,00 €
Summe						80.000,00 €	5.097,08 €		

real / fiktiv

Szenario II: Manipulation des 3-Monats-LIBOR Euro plus 40 BP

Auszahlung des Kreditbertrags i.H.v. 80.000 Euro am 01.02.2013

	Zeitpunkt	3-Monats-LIBOR-Euro	Aufschlag	Zinssatz für 3 Monate	Zinsatz nach Manipulation	Darlehens-betrag	Tilgung	Zinsen	Darlehensrate	Restbetrag
t0	01.02.13					80.000,00 €				80.000,00 €
t1	01.05.13	0,1223%	2,20%	2,3223%	2,7223%	80.000,00 €	4.000,00 €	544,46 €	4.544,46 €	76.000,00 €
t2	01.08.13	0,1529%	2,20%	2,3529%	2,7529%	76.000,00 €	4.000,00 €	523,04 €	4.523,04 €	72.000,00 €
t3	01.11.13	0,1736%	2,20%	2,3736%	2,7736%	72.000,00 €	4.000,00 €	499,24 €	4.499,24 €	68.000,00 €
t4	01.02.14	0,2564%	2,20%	2,4564%	2,8564%	68.000,00 €	4.000,00 €	485,59 €	4.485,59 €	64.000,00 €
t5	01.05.14	0,2564%	2,20%	2,4564%	2,8564%	64.000,00 €	4.000,00 €	457,03 €	4.457,03 €	60.000,00 €
t6	01.08.14	0,2564%	2,20%	2,4564%	2,8564%	60.000,00 €	4.000,00 €	428,46 €	4.428,46 €	56.000,00 €
t7	01.11.14	0,2564%	2,20%	2,4564%	2,8564%	56.000,00 €	4.000,00 €	399,90 €	4.399,90 €	52.000,00 €
t8	01.02.15	0,2564%	2,20%	2,4564%	2,8564%	52.000,00 €	4.000,00 €	371,34 €	4.371,34 €	48.000,00 €
t9	01.05.15	0,2564%	2,20%	2,4564%	2,8564%	48.000,00 €	4.000,00 €	342,77 €	4.342,77 €	44.000,00 €
t10	01.08.15	0,2564%	2,20%	2,4564%	2,8564%	44.000,00 €	4.000,00 €	314,21 €	4.314,21 €	40.000,00 €
t11	01.11.15	0,2564%	2,20%	2,4564%	2,8564%	40.000,00 €	4.000,00 €	285,64 €	4.285,64 €	36.000,00 €
t12	01.02.16	0,2564%	2,20%	2,4564%	2,8564%	36.000,00 €	4.000,00 €	257,08 €	4.257,08 €	32.000,00 €
t13	01.05.16	0,2564%	2,20%	2,4564%	2,8564%	32.000,00 €	4.000,00 €	228,51 €	4.228,51 €	28.000,00 €
t14	01.08.16	0,2564%	2,20%	2,4564%	2,8564%	28.000,00 €	4.000,00 €	199,95 €	4.199,95 €	24.000,00 €
t15	01.11.16	0,2564%	2,20%	2,4564%	2,8564%	24.000,00 €	4.000,00 €	171,39 €	4.171,39 €	20.000,00 €
t16	01.02.17	0,2564%	2,20%	2,4564%	2,8564%	20.000,00 €	4.000,00 €	142,82 €	4.142,82 €	16.000,00 €
t17	01.05.17	0,2564%	2,20%	2,4564%	2,8564%	16.000,00 €	4.000,00 €	114,26 €	4.114,26 €	12.000,00 €
t18	01.08.17	0,2564%	2,20%	2,4564%	2,8564%	12.000,00 €	4.000,00 €	85,69 €	4.085,69 €	8.000,00 €
t19	01.11.17	0,2564%	2,20%	2,4564%	2,8564%	8.000,00 €	4.000,00 €	57,13 €	4.057,13 €	4.000,00 €
t20	01.02.18	0,2564%	2,20%	2,4564%	2,8564%	4.000,00 €	4.000,00 €	28,56 €	4.028,56 €	0,00 €
Summe							80.000,00 €	5.937,08 €		

real / fiktiv

Szenario III: Manipulation des 3-Monats-LIBOR Euro minus 40 BP

Auszahlung des Kreditbertrags i.H.v. 80.000 Euro am 01.02.2013

	Zeitpunkt	3-Monats-LIBOR-Euro	Aufschlag	Zinssatz für 3 Monate	Zinsatz nach Manipulation	Darlehens-betrag	Tilgung	Zinsen	Darlehensrate	Restbetrag
t0	01.02.13					80.000,00 €				80.000,00 €
t1	01.05.13	0,1223%	2,20%	2,3223%	1,9223%	80.000,00 €	4.000,00 €	384,46 €	4.384,46 €	76.000,00 €
t2	01.08.13	0,1529%	2,20%	2,3529%	1,9529%	76.000,00 €	4.000,00 €	371,04 €	4.371,04 €	72.000,00 €
t3	01.11.13	0,1736%	2,20%	2,3736%	1,9736%	72.000,00 €	4.000,00 €	355,24 €	4.355,24 €	68.000,00 €
t4	01.02.14	0,2564%	2,20%	2,4564%	2,0564%	68.000,00 €	4.000,00 €	349,59 €	4.349,59 €	64.000,00 €
t5	01.05.14	0,2564%	2,20%	2,4564%	2,0564%	64.000,00 €	4.000,00 €	329,03 €	4.329,03 €	60.000,00 €
t6	01.08.14	0,2564%	2,20%	2,4564%	2,0564%	60.000,00 €	4.000,00 €	308,46 €	4.308,46 €	56.000,00 €
t7	01.11.14	0,2564%	2,20%	2,4564%	2,0564%	56.000,00 €	4.000,00 €	287,90 €	4.287,90 €	52.000,00 €
t8	01.02.15	0,2564%	2,20%	2,4564%	2,0564%	52.000,00 €	4.000,00 €	267,34 €	4.267,34 €	48.000,00 €
t9	01.05.15	0,2564%	2,20%	2,4564%	2,0564%	48.000,00 €	4.000,00 €	246,77 €	4.246,77 €	44.000,00 €
t10	01.08.15	0,2564%	2,20%	2,4564%	2,0564%	44.000,00 €	4.000,00 €	226,21 €	4.226,21 €	40.000,00 €
t11	01.11.15	0,2564%	2,20%	2,4564%	2,0564%	40.000,00 €	4.000,00 €	205,64 €	4.205,64 €	36.000,00 €
t12	01.02.16	0,2564%	2,20%	2,4564%	2,0564%	36.000,00 €	4.000,00 €	185,08 €	4.185,08 €	32.000,00 €
t13	01.05.16	0,2564%	2,20%	2,4564%	2,0564%	32.000,00 €	4.000,00 €	164,51 €	4.164,51 €	28.000,00 €
t14	01.08.16	0,2564%	2,20%	2,4564%	2,0564%	28.000,00 €	4.000,00 €	143,95 €	4.143,95 €	24.000,00 €
t15	01.11.16	0,2564%	2,20%	2,4564%	2,0564%	24.000,00 €	4.000,00 €	123,39 €	4.123,39 €	20.000,00 €
t16	01.02.17	0,2564%	2,20%	2,4564%	2,0564%	20.000,00 €	4.000,00 €	102,82 €	4.102,82 €	16.000,00 €
t17	01.05.17	0,2564%	2,20%	2,4564%	2,0564%	16.000,00 €	4.000,00 €	82,26 €	4.082,26 €	12.000,00 €
t18	01.08.17	0,2564%	2,20%	2,4564%	2,0564%	12.000,00 €	4.000,00 €	61,69 €	4.061,69 €	8.000,00 €
t19	01.11.17	0,2564%	2,20%	2,4564%	2,0564%	8.000,00 €	4.000,00 €	41,13 €	4.041,13 €	4.000,00 €
t20	01.02.18	0,2564%	2,20%	2,4564%	2,0564%	4.000,00 €	4.000,00 €	20,56 €	4.020,56 €	0,00 €
Summe							80.000,00 €	4.257,08 €		

real / fiktiv

---

[191] Quelle: Eigene Darstellung; Datenbasis: global-rates o.V. (2014l)